Ein falsches Vogelkind

und andere Geschichten

Uli Karg

Ein falsches Vogelkind

und andere Geschichten

Die Deutsche Nationalbibliothek verzeichnet diese Publikation in der Deutschen Nationalbibliografie; detaillierte bibliografische Daten sind im Internet über http://dnb.dnb.de abrufbar.

Umschlaggestaltung und Foto:

© ShellFellow ArtWorks, Germany

Herstellung und Verlag:

BoD - Books on Demand GmbH, Norderstedt

ISBN: 978-3-7528-5678-1

Auch als E-Book erhältlich

Inhalt:

Vita:

Uli Karg wurde 1952 in Augsburg geboren und lebt seit vielen Jahren mit Mann und Katze im nördlichen Landkreis. Zu privaten Anlässen oder Firmenfeiern hatte sie schon immer gerne Sketche, Gedichte und Geschichten geschrieben. Mehr Zeit dafür blieb im technischen Berufsleben nicht.

2015 erreichte sie das Rentenalter und gewann damit neue Freizeit. Diese nutzt sie jetzt, Ideen im Kopf zu destillieren und mit Feder und Tastatur als unterhaltsame Geschichten festzuhalten.

Sie ist von Anfang an Mitglied des Autorenclub Donau-Ries.
Das erste gemeinsame Buch VIECHEREI enthält eine Katzengeschichte von ihr.
Drei weitere Geschichten in der zweiten Anthologie DEZEMBERHIMMEL stammen aus ihrer Feder.

Mit diesem Buch *Ein falsches Vogelkind* halten Sie ihre erste eigene Geschichtensammlung in Händen.

Weitere Bücher sollen folgen.

E-Mail-Adresse: ulrike.karg@vodafone.de
www.autorenclub-donau-ries.de

Faszination Lesen

Die Medien berichten immer mal wieder von schlechten Deutschnoten heutiger Kinder. Fehlt es an der Rechtschreibung, der Ausdrucksweise, am Satzbau, oder am Wortschatz überhaupt? Der soll ja bei manchen Jugendlichen, gelinde gesagt, eher kompakt sein. Eine eigene Jugendsprache hat sich längst etabliert.

Wie umfassend ist eigentlich mein eigener Wortschatz? Dazu habe ich mir noch nie so richtig Gedanken gemacht. Wozu auch. Ich komme damit ganz gut klar, obwohl er sich natürlich im Laufe der Jahrzehnte verändert und erweitert hat. Viel Neues ist heute selbstverständlich geworden. Die deutsche Sprache entwickelt sich ja stetig weiter, und Begriffe aus anderen Ländern und Kulturen halten bei uns Einzug und finden sich auch in den Printmedien wieder.

Literatur in jedem Genre kann man sich heute nicht nur mit Büchern zu Gemüte führen, sondern auch digital mit E-Readern als E-Books lesen und viele Titel speichern. Ich persönlich hänge noch sehr an den Papierausgaben und liebe den Geruch eines Buches und dessen Haptik.

Das Interesse an Büchern hat bei mir früh begonnen. Wie oft stand ich staunend vor dem gut bestückten Bücherschrank meines Vaters und befühlte ehrfürchtig die zum Teil mit geprägten Lederrücken versehenen Bände mit Goldschnitt. Aus meiner Sicht unbezahlbare Schätze. Besondere Ausgaben, zum Teil aus Großvaters Nachlass, wurden hinter Glas aufbewahrt. Als kleines Kind konnte ich natürlich nur Bilder anschauen, saß gerne auf Omas Schoß und ließ mir Märchen und Geschichten vorlesen. Ich hing an ihren Lippen und tauchte ein in geheimnisvolle Welten mit Feen, Prinzen, Kobolden, Hexen und Fabelwesen. Nachts verfolgten mich oft die Bösewichte in meinen Träumen. Aber dem Alltag zu entfliehen war etwas Wunderbares.

Mein sehnlichster Wunsch: endlich selber lesen zu lernen. Kindergarten oder Vorschule gab es für mich damals nicht. Also saugte ich in der ersten Volksschulklasse Buchstabe für Buchstabe ein, lernte sie zu schreiben und fügte sie zu Wörtern und Sätzen zusammen und damit zu Begriffen. Unsere Klosterfrau brachte uns auch die altdeutsche Schrift bei, hilfreich bei antiquarischen Buchausgaben. Dokumente bei Nachforschungen in Grundbucheinträgen, Kirchenregistern oder Urkunden lassen sich damit aufschlüsseln.

Die Welt der Bücher öffnete endlich ihre Tore und ließ mich eintreten. Ich war fasziniert. Unter anderem erinnere ich mich an besonders fesselnde Exemplare, Sie vielleicht auch?

Bei *Pippi Langstrumpf* durfte ich Blödsinn machen und mit dem Heißluftballon nach *Taka-Tuka-Land* aufbrechen, mit *Nils Holgersson* und den Wildgänsen fliegen und *Heidi* und den *Geißen-Peter* beim Ziegenhüten begleiten. *Pünktchen und Anton* von *Erich Kästner* und das *Doppelte Lottchen* verzauberten mich auch.

Später wohnte ich bei den schwarzen Sklaven der Baumwollplantagen in *Onkel Toms Hütte* und litt mit ihrem Schicksal. *Mark Twain* ließ mich Abenteuer erleben mit *Tom Sawyer und Huckleberry Finn*. Bei den *Yanomami-Indianern* rührte ich Pflanzenfarben für die Körperbemalung an und verspeiste mit ihnen Maniok und selbst gefangenen Fisch aus dem *Orinoco*. Ich spürte in Erzählungen aus Kanada klirrende Kälte und fühlte an der Seite von Trappern die Einsamkeit in endlosen Wäldern. Als Teenager verschlang ich Romane wie die von *Heinz Günther Konsalik*. Ich zitterte unter feindlichem Beschuss mit den Soldaten in Stalingrad, wo der Autor vieles als Kriegsberichterstatter in Russlandfeldzügen erlebt hatte und selbst schwer verwundet worden war. *Johannes Mario Simmel* hatte erklärt: *Liebe ist nur ein Wort*. Das wollte ich als junger Mensch nicht glauben. *Es muss nicht immer Kaviar sein* erzählt von einem Banker, der als Geheimagent arbeitete – spannend! *Alle Menschen werden Brüder*, das wäre wirklich zu wünschen! Mit *Pearl S. Buck* näherte ich mich der Kultur des alten China und las *Die gute Erde, Ostwind – Westwind, Die Frauen des Hauses Wu* und viele andere und erfuhr vom Leben der Bauern, von Familienclans, Armut und Reichtum und über die Macht von Opium. Sämtliche Werke von *Antoine de Saint-Exupéry* begeisterten mich, besonders die Fliegergeschichten. Später brachte mir *Peter Scholl-Latour* Indochina und Nordafrika näher. Mit *John le Carré* spionierte ich geheimnisvollen Machenschaften und Netzwerken von Agenten hinterher.

Historische Bücher über Augsburg, meine Heimat-
stadt, liebte ich besonders, um über Handelsbezie-
hungen der bedeutenden Kaufmannsfamilien *Fugger*
und *Welser* zu erfahren. Sie waren im 16. Jahrhundert
die Nummer eins in Europa und verstanden es per-
fekt und nicht immer legal, mit geschicktem Marke-
ting Geld zu verdienen und Macht und Einfluss zu
erlangen.

In den letzten Jahrzehnten waren Fachbücher zur
beruflichen Weiterbildung angesagt.

Jetzt, als Rentnerin, gibt es zur Entspannung wie-
der Romane, Erzählungen, Dokumentationen und
Krimis. Science Fiction ist nichts für mich, und zu
brutale und gruselige Romane mag ich auch nicht.
Dafür begleite ich lieber ganz vorsichtig *Commissario
Brunetti* durch feucht glänzende Gassen in der *Serenis-
sima*, lüfte mit *Tante Poldi* das *Geheimnis der Sizilani-
schen Löwen*, sitze im *Café am Ende der Welt* und ver-
schlinge Biografien von *Fritz Egner, Eric Clapton, Zuc-
chero* und *Leonard Cohen*. Axel Hacke eröffnet mir
Einblicke in *Das Kolumnistische Manifest* und erklärt
zum Teil verlorene Werte in seinem neuesten Werk,
das da heißt: *Über den Anstand in schwierigen Zeiten und
die Frage, wie wir miteinander umgehen.*

Einen Buchvorrat von mindestens zwanzig jung-
fräulichen Exemplaren habe ich immer griffbereit. Al-
lein schon die Vorfreude erfüllt mich, sie bald lesen
zu dürfen.

Lesen ist Unterhaltung. Lesen ist Vergnügen. Lesen ist Bildung. Lesen ist lebensnotwendig und bietet ungeahnte Chancen, auch zum Schreiben von eigenen Geschichten.

Notieren Sie einen Termin im Kalender und vereinbaren ein Date mit IHREM Buch. Es schenkt nicht nur Entspannung, Lesefreude und Muse, sondern lässt uns eintauchen in Geschichten und mit den Helden kämpfen, weinen, lieben und dem Alltag entfliehen in unbekannte Welten.

Tun Sie das doch auch!

Und das ohne Fernreisen, Langstreckenflüge und Jetlag, sondern im kuscheligen Ohrensessel mit Katze oder Kater auf dem Schoß. Wie wunderbar!

Ich wünsche Ihnen faszinierende Lesestunden.

Neuer Frühling

Uschi wollte nur noch weg. Daheim hielt sie es nicht mehr aus. Sie sehnte sich nach Stille.

In den letzten Wochen hatte es ständig Streit zwischen ihr und Max gegeben. So auch an diesem Abend. Wegen nichts und wieder nichts hatten sie sich in der Wolle. Am Ende wurde es nur noch beleidigend. Nach zehn Minuten gegenseitiger Vorwürfe schnappte sich Uschi ihre Handtasche, die ihr Max aus Rom zum zwanzigsten Hochzeitstag mitgebracht hatte und verließ die Wohnung. Tränen der Wut füllten ihre Augen und schickten sich an, über die Wangen zu laufen, als sich die Tür ihrer neugierigen Nachbarin im Hausflur öffnete.

„Ja Frau Micheler, wo wollen Sie denn noch hin um diese Zeit? Ist er wieder ausgerastet?", erkundigte sie sich mit gespieltem Mitleid.

„Ich brauch nur noch eine Nase frische Luft! Gute Nacht. Schlafen Sie gut." Uschi ließ sie einfach stehen und stolperte auf der Treppe nach unten.

Ziellos lief sie die Straße entlang. Die Dunkelheit nahm sie gütig auf und entließ sie wieder in die helle Einkaufsstraße. Sie hielt inne. Im Schaufenster eines Blumenhändlers entdeckte sie ihre allerliebsten Frühlingsboten. Die Tränen versiegten. Gelbe und rote Ranunkeln zauberten ihr ein Lächeln ins Gesicht. Gleich morgen früh wollte sie welche kaufen.

Im kleinen Pub an der Ecke brannte noch Licht. Ohne lange zu überlegen, betrat sie die Bar und bestellte einen *Coconut Kiss*. Die wenigen späten Gäste waren in Gespräche vertieft und registrierten sie zunächst nicht. Eine Gruppe junger Männer spielte Dart im offenen Nebenzimmer. Bei gedämpfter Hintergrundmusik entspannte sich Uschi langsam.

Was war nur mit Max und ihr los?

Was war aus ihrer Liebe geworden?

Wenn sie ihn in letzter Zeit fragte, warum es ihm nicht gut ginge, kam lediglich die Antwort: „Was du wieder hast."

„Na, was machst du denn hier? Hab dich lange nicht gesehen", stellte Alois fest und riss sie aus ihren Gedanken. „Dir geht es nicht gut! Das sehe ich."

„Alois! So eine Überraschung. Schön, dich mal wieder zu treffen. Ist ja ewig her! Setz dich doch", forderte ihn Uschi auf.

Alois, ein guter Freund aus ihrer Schulzeit, war nach seiner Scheidung und einem langen Auslandsaufenthalt wieder in seine Heimatstadt zurückgekehrt. So ganz hatten sich die beiden nie aus den Augen verloren. Als Teenager war Uschi in ihn verliebt gewesen. Davon wusste er allerdings nichts. Er war einfach ihr Gefährte und verstand sie ohne Worte.

„Er sieht immer noch verdammt gut aus", dachte Uschi, während sie sich vertrauensvoll austauschten. Es tat gut, jemandem das Herz auszuschütten. Mit ihm konnte sie offen und ehrlich reden. Sie wurde zusehends ruhiger.

Rudi, ein Arbeitskollege von Max, kam zu ihnen an die Theke.

„Ja servus Uschi! Geht dir Max daheim nicht auf die Nerven?"

„Wieso? Wie meinst du das?"

„Na, seine Abteilung wurde vor einem viertel Jahr ins Ausland verlegt, angeblich wegen Umstrukturierung, und den Kollegen, die nicht mitgehen konnten, wurde gekündigt. Ich hoffe, Max findet bald wieder einen guten Job! Grüß ihn von mir!"

Endlich hatte sie den Grund für sein Verhalten erfahren. Ihre Gedanken fuhren Achterbahn. Max verhielt sich doch wie immer, ging morgens aus dem Haus und kam abends zurück.
Warum hatte er kein Vertrauen mehr zu ihr?

Uschi erfasste ein Gefühl von Mitleid, von Schuldbewusstsein und von unendlicher Liebe.

Jetzt passierte alles ganz schnell. Ihr Gesichtsausdruck veränderte sich schlagartig. Sie musste sich an der Theke festhalten, um nicht vom Barhocker zu kippen. Wie computergesteuert legte sie einen Geldschein auf den Tresen, schnappte sich ihre Tasche und küsste Rudi, der ganz verdutzt guckte, auf die Wange und auch Alois.

„Jungs, ich danke euch. Ich muss jetzt zu Max, er braucht mich!"

Ein falsches Vogelkind

Brunhilde begrüßte ihren Mann Hubertus bei seiner Rückkehr aufgeregt. Es war sowieso gerade eine äußerst aufregende Zeit für die beiden. Er hatte allerfeinstes Fleisch mitgebracht und überreichte es ihr sofort. Hungrig nahm sie es entgegen und verspeiste es mit Genuss. Proteine waren jetzt besonders wichtig. Sie sollten Nachwuchs bekommen. Als Erstbrüter hatten sie damit noch keinerlei Erfahrung, aber Instinkt. Die Natur hat das schon so eingerichtet. Bruni, wie sie Hubertus liebevoll nannte, rückte ein wenig zur Seite, sodass ihr Mann einen Blick auf das Gelege werfen konnte, das aus vier blaugrünen, dunkel gesprenkelten Eiern bestand, davon eines türkisfarben und etwas kleiner.

„Sieh mal, bei einem Ei ist die Schale oben schon etwas aufgesprungen. Alle anderen drei sind noch unversehrt", zwitscherte sie ihm freudig entgegen.

Der Amselmann besah sich entzückt die feinen Risse an der Oberfläche des ovalen Etwas und meinte:

„Lass sie nicht auskühlen, mein Schatz. Ich sorge gleich nochmal für Futter", versprach er und flog mit elegantem Schwung aus dem Nest in der großen Kiefer. Er wollte gut für den gemeinsamen Nachwuchs und seine Angetraute sorgen.

Glücklich dachte er an den Beginn ihrer Beziehung. Er hatte seine Auserwählte am Brunnenbach im südlichen Auwald von Augsburg vor kurzer Zeit zum ersten Mal gesehen und die Schöne beobachtet.

Sie saß auf einem Kieselstein am Ufer und trank vom klaren Wasser. Ihr Gefieder war größtenteils dunkelbraun gepunktet und glänzte in der Frühlingssonne. Sofort war es um ihn geschehen. Liebe auf den ersten Blick. Dieses Gefühl hatte er noch nie verspürt! Sein kleines Amselherz klopfte wie verrückt, als wollte es aus dem Brustkorb springen. Unverzüglich flog er hin, machte sich aufgeregt tänzelnd um sie herum bemerkbar. Sie jedoch kokettierte und zierte sich. Auch andere Herren in schwarz-blau glänzendem Outfit hatten ein Auge auf sie geworfen und zeigten es ihm unverblümt. Hubertus musste sich ganz schön anstrengen, um sie zu gewinnen, und forschte nach, wie es ihm gelingen könnte. Brunhilde stand weder auf Schuhe von *TOD´S*, noch auf Designertaschen von *Liebeskind*, *MCM* oder *Moschino*. Er suchte nach etwas, wo sie nicht widerstehen konnte. Nach reiflicher Überlegung kam er auf die Lösung: ein perfekt gelegenes Grundstück für ihr gemeinsames Heim. Hubertus hatte einen Immobilienberater seines Vertrauens hinzugezogen und mit ihm sorgfältig einen passenden Standort ausgewählt.

„Dieses Nadelgehölz ist ein begehrter und häufig frequentierter Brutplatz!", erklärte der Makler vor Ort. „Im oberen Teil liegt mein Sahnestückchen, das derzeit noch freie Penthouse. Entscheiden Sie sich schnell. Ich habe dafür mehrere vorgemerkte Interessenten."

Hubertus sah sich genauestens um. Der kräftige Stamm des vorgeschlagenen Nadelbaumes war unten dicht bewachsen, dass Katzen keine Chance hatten, nach oben an ein Nest zu kommen. Geschützt gegen Raubvögel und allzu viel Regen bot der gegabelte Ast im zweiten Obergeschoss einen weiten Panoramablick zum Brunnenbach und in die Umgebung des Augsburger Stadtwaldes. Damit würde er Brunhilde für sich gewinnen können und alle anderen Mitbewerber ausstechen, und das waren nicht gerade wenig bei der Superfrau. Er sagte zu.

„Ich gratuliere Ihnen zu dieser äußerst klugen Entscheidung. Lage, werter Herr Turdus Merula, Lage und nochmals Lage! Das sollte Ihnen die Gebühr wert sein. Wie Sie mir erzählten, hatten Sie Ihre Braut in spe zum ersten Mal am Brunnenbach gesehen. Eine Bronzefigur dieses Gewässers ziert unter anderem den bekannten Augustusbrunnen im Herzen von Augsburg. So eine Geste wird Ihre Angebetete von einem Romantiker wie Ihnen zu schätzen wissen und sofort begeistert sein", erklärte der Immobilienhändler. Zufrieden hatte er seine Courtage eingestrichen. Hubertus dachte bei sich: Ja, diese Lage war die exorbitante Ausgabe wert und seine Brunhilde natürlich auch!

Stolz holte er seine Liebste ab und präsentierte ihr das soeben erworbene Appartement. Nach ausführlicher Besichtigung hatte Brunhilde ihren Gefallen geäußert und gleich angefangen, Nistmaterial zu sammeln und das Heim zu gestalten. Das ist bei den Amseln Weiberarbeit. Nach der Fertigstellung lag täglich ein neues Ei im Nest. Sie bebrütete nun das Gelege. Das dauert in der Regel bei den Schwarzdrosseln etwa zwei Wochen. Diese Zeit war fast um. Sie freuten sich auf den Nachwuchs. Es sollte spannend werden.

Hubertus hatte ein frisch umgegrabenes Beet in der nahe gelegenen Schrebergartenanlage entdeckt. Dort war die Chance sehr gut, saftige Regenwürmer, muskulöse Schnecken oder knusprige Käfer zu finden. So war es auch, und mit reicher Beute kehrte er zurück zum Nest. Inzwischen war die angepickte Schale oben schon offen, und man konnte ein rosarotes Etwas beobachten, das sich unter großer Kraftanstrengung aus der Eihülle zu befreien versuchte und schließlich herausarbeitete. Total begeistert blickten die beiden Amseln auf dieses Wunder, ihr erstes gemeinsames Küken. Unter der durchscheinenden Haut waren große Augen zu erahnen. Der Schnabel war schon ausgeprägt und die Beinchen ebenso. Auch die kleinen Flügel bewegten sich bereits vorsichtig. Hubertus zwitscherte seiner Bruni etwas Liebes ins Ohr, während sie schmunzelnd wieder auf dem Gelege Platz nahm und es weiter wärmte. Der frisch gebackene Papa wusste, was er zu tun hatte. Insekten, Würmer und Larven waren für die Kinder herbei zu schaffen. Bald würden alle geschlüpft sein. Er war sehr gespannt. Schon an den darauffolgenden Tagen pickten sich die anderen Vögelchen ans Licht der Welt. Das letzte war aus dem kleinen türkisfarbenen Ei gekrochen. Sie tauften es Benjamin, weil es so winzig war, im Gegensatz zu den anderen.

„Das Ei war ja auch kleiner", beruhigte ihn Bruni, als ihr Mann sich sorgte. „Das Küken bekommen wir schon groß, wenn wir es ordentlich füttern."

Hubertus war nur noch auf Nahrungssuche und gönnte sich selbst kaum etwas.

Nach einiger Zeit hatten die Kleinen die Augen geöffnet. Weicher Flaum umschloss die Vögelchen. Gelbe Schnäbel bettelten ständig um Futter. Das hielt das Elternpaar auf Trab.

Aus dem Flaum wurden Federn, und die Küken nahmen täglich an Gewicht zu. Auch Benjamin, aber er blieb trotzdem der kleinste Vogel von allen. Das Futter bestand nun zusätzlich aus weichen Früchten und Beeren, die schon vereinzelt zu finden waren. Eine feine Abwechslung im Speiseplan.

Zwei Wochen nach dem Schlüpfen ging die Nestlingszeit zu Ende. Die Jungvögel konnten zwar noch nicht fliegen, verließen jedoch das Heim und sprangen mutig auf den Boden. Die Alten hatten Mühe, den Nachwuchs zu beschützen. Noch etwa vierzehn Tage mussten sie füttern, bevor die Küken selbst in der Lage sein würden, Nahrung zu finden. Inzwischen war das Federkleid der jungen Schwarzdrosseln ausgebildet. Benjamin tanzte aus der Reihe, er war am ganzen Körper grün befiedert, die Flügel jedoch blau und grau, das Schwänzchen ebenso, und in den gleichen Farben stellte er keck ein Schöpfchen auf dem Kopf nach oben wie ein Wiedehopf. Verblüfft nahmen das die Eltern wahr, liebten ihn aber genauso wie die anderen Drei. Benjamin war halt aus der Art geschlagen. Die Geschwister akzeptierten ihn.

Neugierig beobachteten andere Vögel aus der Nachbarschaft ebenfalls den Nachwuchs.

Wie zu erwarten, kam jetzt von allen Seiten blödes Gerede.

„Na, was haben wir denn da für ein falsches Vogelkind? Für einen Kuckuck ist er zu klein und zu bunt", meinte der Buntspecht Vittorio.

„So ein schräger Vogel! Von euch kann er ja nicht sein. Habt ihr nicht aufgepasst und ein fremdes Ei untergeschoben bekommen?", wollte Blaumeise Berta aus der ersten Etage des Baumes wissen.

„Das ist meiner Schwester auch schon passiert. Ein verwilderter Zebrafink hatte ihr ein Ei dazugelegt. Anfangs wunderten sie sich nur über den schwarzen Schnabel, der später rot wurde. Schwarze Striche verliefen senkrecht über die Augen, rotbraunes Rouge lag auf den Wangen, ein wellenförmiges Gefieder legte sich wie ein Schal um den Hals und unter den Flügeln hoben sich braun gepunktete Federn von der weißen Brust ab. Er sah aus wie ein Clown und war die Sehenswürdigkeit im Revier schlechthin. Die schöne Brunhilde wird halt fremdgegangen sein! So ein Prachtweib gefällt doch jedem Mann!", stellte Claudius fest, der Star aus dem Schrebergarten.

„Hubertus, hast nicht aufgepasst?", war ein Vorwurf der Jungs vom Spatzenstammtisch.

Solche und ähnliche Kommentare mussten sich die jungen Eltern anhören.

„Das glaubst du doch nicht von mir, Hubertus. Du bist mein Ein und Alles. Ich war dir treu! Das schwöre ich bei der heiligen Mutter der Gefiederten."

„Natürlich glaube ich dir. Hast du nur kurz das Nest verlassen und das Ei wurde uns dazu gelegt?"

„Nein, ich war immer da. Das hätte ich doch mitbekommen."

„Egal, wir lieben unseren Benjamin genauso wie die anderen Kinder. Mach dir keine Gedanken, Bruni. Soll er doch etwas aus der Reihe tanzen! So etwas passiert sogar in den allerbesten Adelsfamilien. Schau mal in so manche Königshäuser!", beruhigte sie ihr Mann.

Die Jungvögel entwickelten sich gut und gingen eines Tages ihre eigenen Wege. Hubertus wollte trotzdem herausfinden, warum Benjamin anders aussah als die übrigen Kinder. Er hegte kein Misstrauen gegen seine Frau, war aber neugierig und wollte der Ursache auf den Grund gehen. Würde es sich aufklären?

Zusammen mit Bruni erstellte er auf seinem Tablet eine Ahnentafel. Die beiden baten all ihre noch lebenden Verwandten um Auskünfte, und bald war der Stammbaum bis auf wenige leere Felder ausgefüllt. Und siehe da, vor vier Generationen gab es bei Hubertus´ Vorfahren schon einmal ein grün gefiedertes Vögelchen. Das Geheimnis war gelüftet.

„Wir sagen es den Kindern, ja? Sie sollen es wissen, falls sie von anderen angesprochen werden."

„Das finde ich auch. Vielleicht bekommen wir bei der nächsten Brut ja wieder ein besonderes Küken?"

„Ja Hubertus, darüber würde ich mich freuen. Und wehe, einer sagt nochmal zu Benjamin:

„Du falsches Vogelkind!"

Genuss

Kurz vor zehn Uhr im Einrichtungsstudio.

Helen erwartete Kundenbesuch und überprüfte den Besprechungsraum. Frische Blumen, gekühlte Getränke und Kekse standen bereit, gedämpftes Licht verbreitete eine angenehme Atmosphäre. Helen hatte Dreikantmaßstab, Füller und Notizblock bereitgelegt und machte sich nochmal frisch. Ein Hauch ihres Lieblingsduftes mit Verbene und Bergamotte versetzte sie in Hochstimmung. Duft war für sie Genuss pur.

Die Studiotür öffnete sich und zwei gut aussehende Herren kamen auf sie zu.

Herr Curtius, Architekt und Inhaber eines Planungsbüros, hatte diesen Termin mit ihr vereinbart. Der Fünfzigjährige trug ein schneeweißes Hemd mit hellgrauem Seidenschal zur schwarzen Leinenhose und italienische Slipper. Leicht gewellte, etwas längere Haare passten zum gepflegten Drei-Tage-Bart. Das Umwerfende waren jedoch seine von kleinen Fältchen umsäumten hellblauen Augen, die mit blendend weißen Zähnen ein gewinnendes Lächeln aussandten. Helen bemerkte sofort die neue *Breitling* Armbanduhr an seinem gebräunten Arm. Er war Segler wie sie. Nicht nur dieses Hobby verband die beiden. Sie schätzten gegenseitig Fachkompetenz und die Passion für kreatives Gestalten.

„Guten Morgen Frau Michels, Herr Dr. Abraham!", stellte er seinen Kunden vor.

„Guten Morgen. Herzlich willkommen, meine Herrn. Was darf ich Ihnen anbieten?"

„Ein doppelter Espresso wäre fein."

„Dem schließe ich mich an, Frau Michels. Herr Curtius ist mein Architekt und hat mir von Ihrer guten Zusammenarbeit erzählt. Nun bin ich gespannt."

„Lassen Sie uns im Konferenzraum in aller Ruhe ihr Projekt besprechen. Bitte folgen Sie mir."

Helen bestellte bei ihrer Sekretärin die Getränke, als sie Platz genommen hatten. Sie musterte ihren Gast, der gegenüber saß. Herr Dr. Abraham war wohl so Mitte fünfzig, groß, sportlich, kurzer Haarschnitt. Über eine modische Lesebrille blitzten sie wache, tiefblaue Augen an. Seine elegante Erscheinung wurde durch ein türkisfarbenes Poloshirt mit dunkelblauer Jeans von *Baldessarini* und weißen Sneakers besonders betont. Eine goldene Uhr von *IWC* glänzte am Arm. Trotz der feingliedrigen Finger hatte sie seinen festen Händedruck verspürt.

Er war also der neue Besitzer des alten Fabrikgebäudes im Textilviertel, das wieder mit Leben gefüllt werden sollte.

Seine Vision:

Im Erdgeschoss entstehen eine Galerie, ein Kunstgewerbeladen, daneben ein Bistro und eine Werkstatt für einen Oldtimer-Restaurator. Das Loft im Obergeschoss wird aufgeteilt in die eigene großzügige Wohnung und ein Atelier mit Büro für seine Frau Francine, einer Schmuckdesignerin.

Der Architekt entrollte die Pläne, Helen beugte sich interessiert über die Zeichnungen und sagte:

„Das wird eine Herausforderung!"

„Deshalb sind wir hier, Frau Michels."

„Herr Dr. Abraham, ich soll Ihre Küche und den Essbereich gestalten. Das Loft erlaubt eine offene Raumplanung. Ich möchte Sie näher kennenlernen. Die Einrichtung soll ja zu Ihnen passen. Wie sehen Ihre Vorstellungen aus?"

„Nun, Frau Michels, ich bin Arzt und arbeite als Neurologe in der Klinik. Meine Frau ist Kunsthandwerkerin und hilft zusätzlich als gelernte Buchhändlerin ehrenamtlich zwei Tage pro Woche in der Stadtbibliothek, wo wir uns vor vielen Jahren kennengelernt hatten. Meine Leidenschaften sind Golfen und Kochen. Wir laden gerne Gäste ein. Sie sehen, in der Küche spielt sich das Leben ab. Das wird unser Kommunikationszentrum, und darauf lege ich allergrößten Wert."

„Herr Doktor ..."

„Lassen Sie bitte den Titel weg, Abraham genügt. Ich bin privat hier."

„Wie Sie wünschen. Lassen Sie mich an Ihren Kochgewohnheiten teilhaben?"

„Unsere Reisen beeinflussen die Rezepte. Ich liebe die asiatische Küche genauso wie die aus Nordafrika. Italienisch und französisch zu speisen versteht sich von selbst. Ihre Aufgabe ist es, meine neue Traumküche zu gestalten. Kochen ist für mich schon Genuss vor dem Essen. Sie haben freie Hand, freies Budget, und ich entscheide mich unter drei Angeboten für die Planung, die mich anspricht. Natürlich müssen Qualität und Funktionalität passen. Und noch etwas: Wer den Auftrag erhält, wird mit mir für die große Einweihungsparty kochen! Die technischen Details besprechen Sie bitte mit Herrn Curtius. Er kümmert sich um alle Gewerke. Ich muss zum Dienst und darf mich verabschieden. Danke für den hervorragenden Espresso. Verraten Sie mir die Marke?"

„Das lässt sich machen. Danke für Ihren Besuch, Herr Abraham."

„Gerne, ich bin neugierig auf Ihren Entwurf."

Helen brachte ihn zur Tür und besprach noch wichtige Einzelheiten mit dem Architekten. Herr Curtius wusste, dass sie nicht nur gute Ideen hatte, sondern auch ein Faible fürs Kochen.

„Frau Michels, Sie stehen mit zwei weiteren Anbietern im Wettbewerb. Lassen Sie Ihrem Ideenreichtum freien Lauf. Wann kann ich mit Ihrem Entwurf rechnen? In zwei Wochen?"

„Ja, das sollte reichen. Ich melde mich. Lassen Sie mir die Pläne gleich da?"

„Natürlich. Ich bin gespannt. Bis bald."

Helen freute sich auf diese Aufgabe. Eine Küche in einem Loft einzurichten, das kam nicht alle Tage vor. Sie war sich bewusst, dass Herr Curtius eine perfekte Planung erwartete. Sie würde ihn nicht enttäuschen und machte sich sogleich an die Arbeit.

„Chiara, teilen Sie bitte Herrn Dr. Abraham unseren Kaffeelieferanten mit. Der Espresso war perfekt. Wo kaufen Sie neuerdings ein?"

„Bei *Mi Cafecito*, der Bio-Kaffeerösterei am Ort."

„Bestellen Sie bitte nächstes Mal zwei Kilo für mich privat."

„Mach ich gern. Übrigens, Ihr nächster Termin ist

erst nachmittags um vier auf der Baustelle der Familie Altenburger im Neubaugebiet. Soll ich Ihnen später etwas zu Essen mitbringen?"

„Oh, das wäre fein. Einen Gourmet-Salat vom Feinkostladen und ein Dinkelbrötchen. Chiara, Sie sind ein Schatz!"

Helen erfasste am PC den Grundriss im CAD-System und druckte ihn aus. Mit Transparentpapier und Bleistift skizzierte sie einige Ideen, die sie schon im Kopf hatte.

Ihr Konzept sah so aus:
Der Betonfußboden wird abgeschliffen und transparent lackiert. Stahlträger und Balken bleiben sichtbar. Die bodentiefen Metallfenster erhalten neue Dreifach-Verglasungen. Um den extrem langgezogenen Raum in Funktionsbereiche aufzuteilen, setzt man Kochen, Speisen und Wohnen in unterschiedliche Höhen auf Holzpodeste mit Industrieparkett.
Zur Küche:
Lichtgrau mattlackierte Möbelfronten werden kombiniert mit einer Arbeitsplatte aus weiß spiegelndem *Lapitec*, einem unempfindlichen, gesinterten Steingutwerkstoff. Die Sockelblenden in Spiegeldekor unten am Korpus werden beleuchtet, damit die Küche optisch schwebt. Eine neu zu fertigende Trennwand beherbergt frontbündig montierte Gerätehochschränke, die Dampfbackofen, Dampfgarer, Wärmeschublade, Vakuumierer und Kaffeeautomat aufnehmen. Dezente Spachteltechnik veredelt diese Abkofferung.

Der Spülenblock dazu im rechten Winkel wird mit flächenbündig eingelassenem Edelstahlbecken versehen und einer professionellen Mischbatterie ausgestattet. Darunter findet ein Auszug zur Müllsortierung Platz. Seitlich begrenzen ein Highboard mit Vorratsauszügen und ein hochgebauter Geschirrspüler den Vorbereitungsblock. Die Faltklappenhängeschränke darüber bieten Stauraum und lassen hinter Schwarzglas Porzellan und Trinkgläser erahnen, als Blickfang darunter sitzt eine vollflächig beleuchtete Glasrückwand mit einem Motiv, das sich der Kunde aussucht. Gekocht wird auf der gegenüberliegenden Insel. Über breiten Auszugsschränken für Kochgeschirr finden *Teppanyaki* zum direkt darauf Braten, Wok-Kochstelle, Flächeninduktionsfeld und ein *Salamander* zum Gratinieren Platz, sowie eine kleine Wasserstelle mit Ausgussbecken. In der Größe des Kochblocks hängt ein Deckenkoffer an Stahlseilen und nimmt die Dunstabzugshaube auf. LED-Spots leuchten den Kochbereich aus, indirektes Licht nach oben sorgt für eine optische Raumaufteilung und reduziert damit die Raumhöhe. Die Insel schafft mit einer naturbelassenen, dicken Zirbenholz-Theke den Übergang zum freistehenden Esstisch, den Helen ebenfalls von einem Lieferanten aus Tirol bekommt. Allein schon der Duft der Zirbe ist ein besonderer Genuss. An den Außenwänden wird der abgebröckelte Putz nicht erneuert. Die Backsteine bleiben sichtbar. Davor soll ein *Side-by-Side* Kühl-Gefrierschrank mit Barfach und Eiswürfelspender Platz finden, passend als Solist aus Edelstahl zum nüchternen Fabrikraum. Ach ja, in der Hochschrankwand fehlen noch ein *Humidor* zum perfekten Lagern von Zigarren und der Weintemperierschrank.

Das Konzept stand, Helen begann mit der Ausarbeitung am PC. Genussvoll suchte sie danach passende Accessoires aus wie Teppiche, Leuchten, Barhocker und Dekorationselemente. Einen Künstlerfreund beauftragte sie, ihr Muster für die Gestaltung der Stellwände mit Spachteltechnik zu schicken.

Zwei Wochen vergingen wie im Flug. Helen hatte ihre Entwürfe mit dem Angebot fristgerecht und mit gutem Gefühl eingereicht. Der Tag der Entscheidung stand an. Würde sie zu ihren Gunsten ausfallen?

Helen kam zum Empfang ins Architekturbüro. Gespannt warteten die Gäste auf die Bekanntgabe des Siegers. Charmante Kellner trugen geübt Tabletts mit Champagner ins Foyer. Alle Augen richteten sich auf die Bürotür, aus der Herr Curtius mit Herrn und Frau Abraham vor die Wartenden traten.

„Herzlich willkommen, meine lieben Gäste. Ich freue mich, dass Sie der Einladung gefolgt sind und spanne Sie nicht länger auf die Folter. Familie Abraham hat sich entschieden, wer die Realisation der Einrichtung im Loft übernehmen darf."

„ And the Oscar goes to ~"

Der Architekt machte eine Pause, öffnete theatralisch den Umschlag und las vor:

„Helen Michels. Ich gratuliere!"

Begeisterter Beifall erfüllte den Raum.

Helen wurde nach vorne gebeten und hoffte, dass der Puder die aufsteigende Wangenröte kaschieren würde. Sie war überglücklich und genoss den Augenblick mit pochendem Herzklopfen. Flipcharts mit ihren Skizzen wurden hereingerollt.

Herr Abraham kam auf Helen zu und stellte sie seiner Ehefrau vor.

„Francine, das ist Frau Michels."

„Freut mich, Sie endlich kennen zu lernen."

„Die Freude ist ganz meinerseits. Ihre Entwürfe haben mich sofort begeistert. Mein Mann ist zwar der Koch im Haus und schaut auch auf Funktionalität. Ich habe mich in Ihre Sprache der Optik verliebt und für Sie gestimmt. Auf gutes Gelingen!"

Sie stießen mit bestem Champagner an.

Mit Riesenschritten näherte sich der Tag der Eröffnungsparty, die Herr Dr. Abraham für seine Freunde ausrichten wollte. Er lud Helen frühzeitig ein, um Speisenfolge und Einkäufe zu besprechen. Sie besah sich Küche und Essbereich. Alles war von den Handwerkern zu ihrer Zufriedenheit umgesetzt worden. Ihre Kunden waren begeistert.

„Es ist jedes Mal ein Genuss, diesen Raum zu betreten. Ihre Idee mit dem Spruch an der Wand ist genial: *De gustibus non est disputandum.* Solche Details zeichnen den Charme aus. Und über Geschmack sollte man nicht streiten."

„Danke, das sehe ich genauso. Das Menü schreiben wir auf eine Magnettafel und stellen sie auf eine Staffelei neben den Kühlschrank. Was meinen Sie?"

„Prima Idee!"

„Auf dem Stehpult am Eingang könnten Sie ein Gästebuch auslegen."

„Genial! Besorgen Sie mir bitte ein passendes? Und Kerzen, Servietten und Blumendekoration?"

„Daran hatte ich bereits gedacht und bestellt. Sehen wir uns jetzt die Einkaufslisten an? Ich habe mal Ihre und meine Vorschläge durchgesehen und schlage Folgendes vor, wenn ich darf."

„Schießen Sie los, ich bin neugierig!"

Helen hatte folgendes Genussmenü komponiert:

Kalt	Speckpflaumen, gefüllte Datteln, Vitello tonnato, Salatbuffet
Warm	klare Tomatensuppe mit Ginsahne, Blattspinatkuchen mit Pinienkernen, gefüllte Champignons, Dinkelfladenbrot vom Backstein mit Kräuteröl
Fisch	gedämpfter Lachs auf Kurkuma- Spinat, Zanderfilet mit Grappa-Schaum, Meeresfrüchte vom Teppanyaki
Fleisch	Kräuterlammkrone, mariniertes Filet vom Piemonteser Rind, Gewürz-Entenbrust mit Pflaumensauce

Beilagen	hausgemachte Tagliolini,
	Sesam-Kartoffelecken,
	Gemüsevariationen

Desserts	Erdbeer-Chaipi-Sorbet,
	Schokotörtchen Surprise

Getränke	San Pellegrino,
	Bionade,
	Pils vom Fass,
	Veuve Clicquot
	Bellini,
	Rosé,
	Chardonnay,
	Amarone,
	Brunello di Montalcino,
	Grand Crue Saint Émilion 2005

Dr. Abraham war einverstanden. Für Cocktails hatte Helen einen guten Barmixer engagiert. Die musikalische Unterhaltung übernahm eine bekannte Soulsängerin mit ihrer Band.

Das Fest war ein voller Erfolg. Die Gäste waren begeistert, von der Einrichtung und der Party.

Dies zeigte sich bei den Eintragungen zum Thema Genuss im Gästebuch, das die Abrahams am nächsten Morgen beim gemeinsamen Brunch mit Helen durchblätterten.

Hier die schönsten Zitate:

„Lasst uns das Leben genießen, solange wir es noch nicht begreifen."
(Kurt Tucholsky)

„Der Kultivierte bedauert nie einen Genuss. Der Unkultivierte weiß überhaupt nicht, was ein Genuss ist."
(Oscar Wilde)

„Es gibt Niemanden, der nicht isst und trinkt, aber nur Wenige, die den Genuss zu schätzen wissen."
(Konfuzius)

„Die Kultur hängt von der Kochkunst ab."
(Oscar Wilde)

„Eine gute Küche ist das Fundament allen Glücks."
(Auguste Escoffier)

„Ein Leben ohne Feste ist wie ein langer Weg ohne Einkehr."
(Demokrit)

„Die Welt gehört dem, der sie genießt."
(Giacomo Leopardi)

Klimawechsel

Es war mitten in der Nacht, als Rika wegen eines Geräusches aufwachte. Wie immer saß Maurizio, der kleine Teddybär aus ihrer Kinderzeit, vor dem Radiowecker, um das helle Licht der Zeitanzeige zu verdecken. Sie schob den Bären zur Seite. Ein Uhr zwanzig. Ein äußerst rücksichtsvoller Mitbewohner im hellhörigen Mietshaus war wohl gerade nach Hause gekommen und ließ knallend den Rollladen auf das Blech des Fensterbrettes niederrasseln.

Na prima, jetzt war Rika wach und riss ihre Bettdecke weg. Ihr war heiß, sehr heiß! Wieder eine dieser Hitzewallungen. Nachts raubten sie ihr den Schlaf, tagsüber waren sie genauso unangenehm. Schon aus Erzählungen ihrer Großmutter war ihr dieser Begriff bekannt, aber erst jetzt nahm er für sie Gestalt an, oder besser, Hitze. Der Schweiß kam aus ganz anderen Poren als früher. Sie schwitzte am Kopf, im Nacken, unter Nase und Busen. Auf dem Nachtkästchen lag daher ein Gästehandtuch. Rika wendete die Bettdecke und freute sich über die kühle Seite auf ihrem Körper. Von wegen weiterschlafen. Die Gedanken im Kopf fuhren nun wieder *Wilde Maus*.

Was wird der neue Tag bringen?

Ist die Wander-Baustelle auf der Autobahn wirklich weitergewandert?

Wie wird der Kundentermin verlaufen?

„Jetzt wird aber geschlafen!", befahl sie sich selbst. Das funktionierte nicht auf Knopfdruck.

Schafe zählen und ähnliche Vorschläge klappten

überhaupt nicht. Sie wälzte sich hin und her und hörte die Kirchturmuhr zwei Uhr und später drei Uhr schlagen. Irgendwann musste sie dann doch die Müdigkeit übermannt haben. Der Morgen überraschte sie natürlich viel zu früh.

Wann ist man in den Wechseljahren? Wenn man oben in den Blusenausschnitt einen Euro reinwirft und unten fallen dann Cent-Stücke raus? Spaß beiseite. Außer den Hitzewallungen machte sich bei Rika Haarausfall bemerkbar. Aus ihrer Bürste zupfte sie jeden Morgen einen Teil ihrer von Haus aus wenigen Federn heraus und verabschiedete sich von ihnen auf Nimmerwiedersehen. *Fliegende Hitzen* überfielen sie auch tagsüber heftig. Ohne Vorwarnung schrie ihr Körper förmlich nach Kühlung, nach einem Regenschauer oder gar Schneefall, egal zu welcher Jahreszeit. Peinlich war das vor allem, wenn sie Kunden bediente. Rika war Ende Fünfzig.

Wie lange dauern die Wechseljahre?

Andererseits hatten sie auch etwas Gutes: Die monatlichen Unannehmlichkeiten, die in letzter Zeit heftig und langanhaltend aufgetreten waren, würden irgendwann aufhören.

Doch was kam stattdessen auf sie zu?

Der Klimawechsel findet ja nicht nur bei uns Frauen ab einem gewissen Alter statt, sondern auch auf unserem Planeten. Die Temperatur auf der Erde steigt ständig an.

In Rikas Kopf sank sie ab. Ihr Hirn lief oft nicht auf Höchsttouren.

Jeden Kunden kannte sie natürlich und wusste genau, was sie ihm verkauft hatte, aber wie hieß er doch noch?

Nach einer überwundenen Depressionsphase setzte sie die Ratschläge ihres Arztes um und nahm sich mehr Zeit für sich selbst. Sie hatte erkannt, dass sie es nicht mehr allen recht machen musste und auch mal nein sagen durfte. Dies musste sie natürlich erst lernen. Nicht jeder private Termin oder jede Einladung waren ihr mehr wichtig. Sie wusste, sie verpasste nichts, und wenn doch, war es ihr egal. Ein paar Stunden auf dem Sofa mit einem spannenden Buch und einer Tasse Chai-Tee machten ihr kein schlechtes Gewissen mehr, denn Bügelwäsche rannte ihr niemals davon. Rika lüftete ihren Geist bei langen Waldspaziergängen und machte Platz für gute Gedanken. So kam sie zur Ruhe und war ganz bei sich.

Auch im Berufsleben wurde sie wegen ihrer Gelassenheit und Erfahrung wieder sehr geschätzt. Obwohl junge Mitarbeiter für weniger Geld zu haben waren, setzte nun der Chef auf *Best-Agers*.

Für Rika und ihre Altersgenossinnen galt also nicht mehr die Tastenkombination wie am PC:
Steuerung → Alt → Entfernen.

Das Klima passte wieder.

Die Fundsache

Endlich Mittagspause! Und sonniges Wetter! Herbert beantwortete noch die E-Mail, die als wichtig eingestuft war, und schnappte sich seinen Baumwollbeutel.

„Mahlzeit!"

„Mahlzeit!"

Mehrmals wurde ihm das zugerufen, als sich die Türen im Bürogebäude öffneten. Die Mitarbeiter strömten eilig nach draußen. Herbert schlug den kurzen Weg zum *Hofgarten* ein. Ursprünglich war die Grünanlage Mitte des 18. Jahrhunderts für die Augsburger Fürstbischöfe in der Nähe des Domes angelegt worden, heutzutage ist sie öffentlich zugängig. Kurz nach zwölf Uhr war die Chance groß, einen Sitzplatz auf einer Bank bei den *Steinernen Barockzwergen* zu ergattern. Neben einer alten Dame hatte er Glück. Sie fütterte mit Brotkrumen und Erdnüsschen die Spatzenschar zu ihren Füßen und freute sich über den Appetit der Vögelchen. Ein Eichhörnchen gesellte sich ebenfalls dazu, sowie Herbert, der höflich fragte, ob es gestattet sei. Er packte sein Lunchpaket aus: Vollkornkäsebrot, Tomate, sowie Naturjoghurt und Birne, in der Thermoskanne Jasmin Tee.

„Gesegneten Appetit, junger Mann", nickte die alte Dame ihm zu, als sie sein Menü in Augenschein genommen hatte. Trotz der Mittagswärme trug sie über ihrer geblümten Kittelschürze eine graue Strickjacke mit Zopfmuster und Mausezähnchen am Kragen. Die Füße steckten in bequemen Sandalen.

Ein Netz hielt die spärlich verbliebenen Haare zusammen. Ihre abgearbeiteten Hände suchten in der Papiertüte nach Krümeln, die sie mit sichtlicher Freude an die Tiere verteilte.

„Dankeschön!", erwiderte Herbert und reckte sich wohlig in der Sonne. Er beobachtete die Parkbesucher um sich herum und biss in das Käsebrot. Eine junge Mutter fütterte ihr Baby mit Brei, der kleine Sohn spielte zu ihren Füßen mit einem Auto aus bunt lackiertem Holz. Auf der gegenüberliegenden Seite des Seerosenteiches mit Wasserschildkröten und Zierfischen kicherten Schülerinnen, aufgeregt über ein Smartphone gebeugt. Auf dem Stuhl rechts von ihm hatte sich ein älterer Herr eine Auswahl Bücher zurechtgelegt, die er aus dem Regal am Ende des Parks genommen hatte. Seit 2003 existiert dieser Bücherschrank in Augsburg. Herbert bediente sich dort ebenfalls immer wieder, stellte gelesene Bücher ein, die er nicht behalten wollte, und holte sich welche, die ihn interessierten. Eine kostenlose Bibliothek, unkompliziert, nachhaltig und immer spannend. So findet ein Buch viele Leser, was man ihm manchmal ansieht. Herbert unterstützte diese Sache, die lange Zeit einzigartig war.

Er hatte sein Mittagessen beendet und noch Zeit, ein Kapitel im neuen Krimi zu lesen. *Ein Soufflé zum Sterben* spielt in Lyon und seinen Spezialitätenrestaurants, bouches genannt. Er verschlang geradezu die Seiten, schickte seine Gedanken auf die Reise und war so vertieft in die Geschichte, dass er kaum bemerkte, wie die alte Dame neben ihm den Park verließ, hätte sie ihm nicht noch einen angenehmen Nachmittag gewünscht. Ein kurzer Blick auf die Armbanduhr gestatte ihm weitere zehn Minuten Lektüre. Dann beendete er das Kapitel, packte seine Sachen in die Baumwolltasche und schickte sich gerade an, den Rückweg ins Büro anzutreten. Als er sich nochmals umdrehte, um einen Brotbrösel von der Bank zu wischen, blitzte daneben im Gras etwas in der Sonne und lenkte Herberts Aufmerksamkeit auf sich. Er bückte sich und entdeckte einen kleinen schwarzen Rucksack. Das Steckschloss am vorderen Fach hatte die Sonne reflektiert. Herbert hob den gepflegten, leichten Beutel hoch und sah sich unter den Parkbesuchern um. Er schien niemandem der Anwesenden zu gehören, der alten Dame, die vorher neben ihm gesessen hatte, schon gar nicht. Nach kurzem Überlegen nahm er den Rucksack mit. Er beeilte sich, um nicht zu spät zur Arbeit zu kommen.

Im Treppenhaus traf er wieder auf Kollegen, die ihm „Mahlzeit!" entgegneten, was er nach der Mittagspause ausgesprochen blöd fand, aber anstandshalber erwiderte. Im Büro war er allein – sein Kollege war wegen einer Fraktur des Sprunggelenks krankgeschrieben – und seine Neugier auf den Inhalt des Beutels steigerte sich von Minute zu Minute. Trotzdem warf er zunächst einen Blick auf den Bildschirm. Nichts Wichtiges. Auch die drei Aktendeckel, die inzwischen auf dem Schreibtisch gelandet waren, konnten warten.

Herbert wollte gerade das Fundstück näher in Augenschein nehmen, als seine Kollegin den Kopf durch die Tür steckte und rief:

„Oh, du warst shoppen! Auch einen Kaffee?"

„Ja gerne, mit Milch – ohne Zucker – wie immer. Danke, Anke."

Das „Ja" bezog sich auf die Frage nach dem Kaffee. Auf ihre andere Bemerkung ging er gar nicht ein. Daraufhin ließ er den Rucksack unter dem Schreibtisch verschwinden. Anke würde ja wiederkommen und vielleicht danach fragen. Trotz seiner Anspannung widmete er sich den Akten, pflügte die Papiere durch und notierte Anmerkungen dazu. Anke brachte ihm zum Milchkaffee ein Stück Rotweinkuchen.

„Mutti war zu Besuch. Sie meint immer, der Kuchen könnte nicht reichen."

„Danke, das ist allerliebst von dir. Ich revanchiere mich. Morgen spendiere ich meine heißbegehrten Fleischküchle, ja?"

„Fein, da freu ich mich!"

Die Kollegin verließ das Zimmer, ohne ihn nochmals auf das Shopping-Ergebnis anzusprechen. Herbert war erleichtert. Das Gebäck war köstlich zum Kaffee, der den Raum mit aromatischem Duft füllte. Danach wollte er endlich einen Blick in den Rucksack werfen. Daraus wurde wieder nichts, denn der Abteilungsleiter rief zu einer Besprechung in den Konferenzraum. Herbert verstaute das Fundstück in seinem Garderobenschrank. Das Meeting nahm mehr Zeit in Anspruch als gedacht, erst nach sechzehn Uhr kehrte er in sein Zimmer zurück. Outlook meldete neue Eingänge im Postfach. Dringende E-Mails beantwortete er umgehend, der Rest musste bis morgen warten. Die schriftlichen Akten wollte er noch fertigstellen. So gespannt er auch auf den Rucksack war, es half nichts. Seinen Job erledigte er stets ordentlich und gewissenhaft. Kurz nach siebzehn Uhr fuhr er den PC herunter und räumte den Schreibtisch, denn später würde der Putztrupp durch die Räume fegen. Vertrauliche Akten sperrte er weg. Den Rucksack packte er in eine Einkaufstüte, die er stets als Reserve im Schrank parat hielt, und verließ seinen Arbeitsplatz.

„Schönen Abend!", tönte es im Treppenaufgang aus allen Ecken wie das mittägliche „Mahlzeit", was Herbert so hasste. Er schlug den Heimweg ein, erledigte in der Annastraße noch Einkäufe für Abendessen und Fleischküchle und schwenkte nach dem *Martin-Luther-Platz* am Goldschmiedebrunnen nach links Richtung *Moritzplatz*. Er überquerte ihn und verschwand in der zugigen *Wintergasse*, die ihrem Namen alle Ehre machte. Auf Höhe des *Butzenbergles*, das links zur Unterstadt führt, schwenkte er nach rechts und betrat den Hauseingang im *Kaffeegässchen*, eine enge Querverbindung zur *Maximilianstraße*.

Er wohnte allein auf der zweiten Etage. Im Briefkasten fanden sich die unerwünschte Zahnarztrechnung und das Aboheft des Frankreichmagazins. Fein, die Abende waren gerettet mit interessanter Lektüre. Oben angelangt, verstaute er zunächst die Einkäufe im Kühlschrank, wusch die Hände und konnte endlich seine Neugier befriedigen. Zunächst öffnete er den Reißverschluss der Vortasche. Neben einem zerknüllten Bonbonpapier kam nur eine aufgerissene Papiertaschentuchpackung zum Vorschein. Dann drückte er das Steckschloss des Rucksacks auf und löste die Kordel am Hauptfach. Da fand er mehr. Eine bunte Kosmetiktasche der Firma L´OCCITANE kam zum Vorschein mit folgendem Inhalt: Lippenpflegestift, Taschenspiegel, Handcreme, Schmerztabletten mit Ibuprofen, Minischraubenzieher, vermutlich für eine Brille, und ein Taschenmesser. Außerdem entdeckte er ein Necessaire, das Näh- und Sicherheitsnadeln beherbergte, sowie weißen und schwarzen Faden, einige bunte Garne, zwei Hemdknöpfe, eine Einfädelhilfe und eine winzige Schere. Das war alles.

Kein Geldbeutel, kein Schlüsselbund, kein Handy, kein Notizbuch, kein Hinweis.

Doch – in der Innentasche ein Zettel, herausgerissen aus einem Kalender und ein kleiner Kugelschreiber, auf dessen Klipp ein Marienkäfer saß, wie nett.

Auf dem Papierstück standen nur ein Datum, eine Uhrzeit und ein Name: *26. Mai, 19 Uhr, Paul*, kein Ort, keine Telefonnummer.

„Kann ja nur ein Date sein", vermutete Herbert. Welcher Frau gehört wohl dieser Rucksack? Die Fundstücke ließen auf keine bestimmte Person schließen. L´OCCITANE, den Laden am Rathausplatz, kannte er. Dort werden hochwertige Kosmetika, Pflege- und Duftprodukte aus Südfrankreich verkauft. Für seine Schwester, die auf dem Land wohnt, musste er dort manchmal etwas besorgen.

Als er die Dinge in den Rucksack zurückpacken wollte, stieß seine Hand auf einen Gegenstand, der sich im Stofffutter versteckt hatte, ein Glasfläschchen. Es handelte sich um einen Nagellack, aber keinen gewöhnlichen in einer Farbe, nein. *FUZZY COAT* von *Sally Hansen*. So etwas hatte er noch nie gesehen. In einer transparenten Flüssigkeit schwammen winzige Stäbchen in Gold, Blaugrau und Beige. Herbert schüttelte den Inhalt wie in einer Schneekugel auf und sah den tanzenden Partikeln fasziniert zu.

Dieser markante Nagellack schien ihm die einzige Chance zu sein, die Besitzerin des Rucksacks ausfindig machen zu können. Kurz ging ihm durch den Kopf, er müsse ihn zum Fundamt bringen. Diesen Gedanken verwarf er aber sofort. Es war ja nichts Lebensnotwendiges zu finden gewesen, was jemand vermissen würde. Er war viel zu neugierig und hatte den Ehrgeiz, die Besitzerin selbst ermitteln.

Ein Blick auf den Kalender eröffnete ihm: nur drei Tage bis zum 26. Mai. Das Datum fiel auf Fronleichnam, Feiertag in Bayern, arbeitsfrei. Milden Sonnenschein verkündete der Wetterbericht für die kommenden Tage.

„Wo könnte der Treffpunkt sein?", grübelte er.

In den nächsten Tagen schaute Herbert besonders auf die Hände der Menschen, mit denen er zu tun hatte. Enttäuscht stellte er fest, dass niemand den außergewöhnlichen Nagellack trug. Immer noch rätselte er über den Ort des Treffens. Morgen war der Tag, an dem er Glück haben sollte oder nicht. Wenn er die Besitzerin des Rucksackes nicht ausfindig machen würde, wollte er zum Fundamt gehen, beschlossen! Langsam erschien es ihm logisch, dass der Hofgarten der Ort sein konnte. Er hoffte es zumindest.

Herbert packte das Frankreichmagazin und ein Getränk in seinen Stoffbeutel. Gegen 18 Uhr machte er sich auf den Weg. Es war angenehm warm und noch sonnig. Seine Anspannung stieg, je näher er dem Park kam. Er ließ sich auf einer Bank nieder, von wo er einen perfekten Überblick hatte. Um diese Zeit waren wenig Besucher unterwegs. Ein Liebespaar turtelte ungeniert, zwei ältere Herrschaften spazierten mit ihrem Rauhaardackel durch die Anlage, ein Senior las die Augsburger Allgemeine, eine dicke Doppelausgabe wegen des Feiertags. Herbert vertiefte sich in den Bericht „Entschleunigen im Languedoc" im Frankreichmagazin. Die Bilderstrecke war sehr ansprechend fotografiert und machte Lust auf mehr, vielleicht seinen nächsten Urlaub?

Sobald jemand den *Rokokogarten* betrat, sah Herbert über den oberen Rand der Zeitschrift, ohne merklich den Kopf zu heben. Der lange Zeiger seiner Armbanduhr erklomm langsam den Zenit.

Kurz vor neunzehn Uhr betrat eine elegante Person mit kleinen Schritten den Hofgarten. Das hochgeschlossene Etuikleid leuchtete kornblumenblau. Sonnengebräunte Arme drängten aus den angeschnittenen Ärmeln. Schlanke Fesseln endeten in Pumps von *Louboutin* mit den roten Sohlen, eine Clutch mit aufgenähten Swarovskisteinen glitzerte in der Abendsonne. Gebannt sah Herbert in ein sorgfältig geschminktes Gesicht, das sich in seine Richtung drehte und von brünetten langen Haaren umrahmt war. Die Züge schienen ihm etwas herb, aber durchaus attraktiv. Einen kurzen Moment dachte Herbert, das Gesicht zu kennen, verwarf aber den Gedanken schnell wieder. Die Dame setzte sich auf die freie Bank neben dem Bücherregal, schlug gewandt die Beine übereinander und nestelte in der Handtasche. Nervös sah sie ständig auf die Uhr. Sie war die einzige Person, die den Park in letzter Zeit betreten hatte. Aus der Entfernung konnte Herbert die Hände nicht erkennen. „Hatte sie Nagellack aufgetragen?" Seine Anspannung war kurz vor der Explosion. Er musste es wissen! So packte er sein Magazin ein, ging betont schlendernd zum Bücherregal und ließ sich alle Zeit der Welt, die Titel auf den Buchrücken zu prüfen. Dabei versuchte er, einen Blick auf die Fingernägel der Frau zu erhaschen. Ja – sie trug *FUZZY COAT*.

Bevor Herbert etwas sagen konnte, kam ein gutaussehender Mann mittleren Alters auf sie zu und umarmte sie zärtlich.

„Schön, dass es geklappt hat!"

„Ja Paul, ich freu mich auf den Abend mit dir! Wie war die Fahrt?"

„Anstrengend. Lass uns gehen, jede Minute ist kostbar. Hast du den Tisch im *Augsburger Hof* reserviert?"

„Ja natürlich, und das Zimmer."

Die beiden entfernten sich Hand in Hand. Schlagartig wurde Herbert klar: „Diese Stimme kenne ich!" Auch das Gesicht meinte er schon mal gesehen zu haben, nur wo? Für heute schien ihm seine Missi-

44

on erledigt zu sein. Grübelnd ging Herbert heim.

Einige Tage später ohne nennenswerte Erkenntnisse seinerseits war im Amt eine Konferenz mit Sachbearbeitern aller Fachrichtungen anberaumt. Herbert diskutierte mit, es ging auch um sein Ressort. Richard Schneider, ein Kollege aus einer Abteilung, mit der er kaum zu tun hatte, ergriff das Wort. Herbert erkannte sofort die Stimme aus dem Park. Das konnte doch nicht sein! Nein, er täuschte sich nicht. Sein Gehör als Chorsänger ließ ihn nicht im Stich. Auch das Gesicht, das er jetzt ohne Schminke vor sich sah, konnte er klar zuordnen. Kein Zweifel – ihm gehört der Rucksack!

Nach der Konferenz ging er auf Richard zu und fragte beiläufig, ob er einen schwarzen Rucksack vermissen würde. Der Kollege lief puterrot an, holte tief Luft, nickte und sagte nach einer Weile:

„Ich hab Sie gesehen, am Feiertag im *Hofgarten*, am Bücherregal. Ich hoffte inständig, dass Sie mich nicht erkennen. Wie sind Sie draufgekommen?"

„*FUZZY COAT* hat Sie verraten. Ich verrate Sie nicht! Sie lieben Paul?"

„Ja, das tu ich. Als Frau aufzutreten ist sicherer."

„Kommen Sie abends auf ein Glas Wein zu mir und holen Ihr Eigentum ab. Alles bleibt unter uns."

„Ja, bis später und – danke!"

Herbert überreichte ihm eine Visitenkarte und fragte: „Weiß oder rot?"

„Den Rotwein bringe ich mit und wir stoßen auf die Fundsache an!"

Abenteuer Kühlschrank-Kauf

Schon frühmorgens legte sich schwülwarme Luft über die Stadt. Kein Wunder, war es Mitte August. Ich wollte Milch, Butter und Käse fürs Frühstück holen und öffnete den Kühlschrank. Oh! Im Inneren war es viel zu warm, obwohl der Temperaturregler auf Maximum gedreht war. So ein Mist! Immerhin funktionierte die Beleuchtung, also war Strom da, folgerte ich logisch. Na prima, das hatte mir jetzt im Hochsommer gerade noch gefehlt! Aber, wenn mal wo der Wurm drinnen steckt, dann richtig. Und bei mir war er gerade dabei, sich ganz gemütlich einzunisten.

Am Samstag vor drei Wochen hatte meine Misere begonnen: Die Waschmaschine hatte sich von mir in die ewigen Jagdgründe verabschiedet, um sich dort auf die Suche nach fremder Schmutzwäsche zu machen, was nach sechzehn Jahren nicht mal verwunderlich war. Meine kannte sie ja zur Genüge.

Vergangenen Montag war das nächste Gerät ausgefallen. Der Kaffeevollautomat hatte nur noch heißes Wasser in die Tasse gespuckt statt Espresso, und das frisch gemahlene Kaffeepulver war jungfräulich unberührt im Tresterbehälter gelandet. Endlich mal guter Duft für die Bio-Tonne! „Reparatur nach sieben Jahren und über 10.000 Kaffee-Entnahmen unrentabel", stand auf dem Kostenvoranschlag. Diese Erkenntnis gab es für zwanzig Euro, die beim Kauf eines neuen Gerätes großzügig angerechnet werden würden.

Und jetzt kam der Kühlschrank nicht mehr seiner eigentlichen Aufgabe nach, nämlich zu kühlen.

Was ich selbst überprüfen konnte, tat ich, aber ich kam dem Fehler nicht auf die Spur. Vermutlich reagierte der Thermostat nicht mehr.

Ich holte die alte Camping-Kühlbox aus dem Keller und packte sofort die verderbliche Ware um. Das Gefriergut aus dem unteren Teil des Gerätes durfte ich zum Glück bei meinen Nachbarn einlagern. Nach dem späten Frühstück mit besonders streichfähiger Butter auf dem Brot suchte ich interessehalber die Rechnung der alten Kühl-Gefrierkombination heraus. Ich stellte fest, dass sie bereits neunzehn Jahre auf dem Aggregat hatte, von den Energiekosten mal ganz abgesehen. Nach einer Reparatur brauchte ich natürlich nicht mehr zu fragen! Also wollte ich mich gleich am nächsten Tag im Elektrofachmarkt nach Ersatz erkundigen. Montag hatte ich nämlich frei.

Ich betrat gleich in der Früh das Geschäft und steuerte sofort auf die Ecke mit den Großgeräten zu, wo eine Auswahl an Kühlschränken in einer Reihe Spalier stand. Etwa fünf Geräte entsprachen der gesuchten Größe, also oben mit Kühlbereich, unten mit drei Gefrierschubladen. Ich schaute mir die verschiedenen Inneneinrichtungen an und sah mich dann hilfesuchend nach einem Verkäufer um. Mehrere junge Männer standen in einer Gruppe beieinander und erzählten sich bestimmt die Ereignisse des vergangenen Wochenendes. Sobald ich jedoch zu einem der Herrn Blickkontakt aufgenommen hatte, verschwand das Objekt meiner Begierde im nächsten Gang oder im Lager. Na toll! Wäre ich ein Mann, käme bestimmt sofort ein Berater angeflitzt.

Eine ältere Dame ohne Begleitung wird oft nicht für voll genommen.

„Die entscheidet alleine sowieso nichts, und daher ist mit einem schnellen Auftrag nicht zu rechnen. Also nur Zeitverschwendung", denkt wohl ein Großteil des Personals. Diese Auffassung hatte ich schon häufig erleben müssen.

Entmutigt machte ich mich auf zum Infostand und fragte die junge Auszubildende nach einem Mitarbeiter, der sich mit Kühlschränken auskennt. Sie drückte vorsichtig die Gong-Taste am Durchsagegerät, darauf bedacht, den mit Strasssteinen dekorierten Fingernagel nicht zu beschädigen, und flötete in das Mikrofon, sofern das mit ihrem Zungenpiercing möglich war:

„Herr Künzelmann, bitte zu den Kühlschränken, Herr Künzelmann bitte!" Stolz lächelte sie mich an, als ihr Aufruf durch den ganzen Laden gehallt war. Ich bedankte mich freundlich und eilte zurück in den Gang mit der weißen Ware, wo mich bereits ein junger Mann mit Namensschild **Künzelmann** auf dem Firmenpoloshirt empfing.

„Guten Tag, gnädige Frau. Womit kann ich Ihnen helfen?", begrüßte er mich freundlich. „Aha, richtige Fragestellung, wohl gut geschult worden", dachte ich bei mir und antwortete:

„Grüß Gott Herr Künzelmann. Erklären Sie mir doch bitte die Unterschiede dieser fünf Geräte hier. Die Größe passt in meine Küche."

„Nun, gnädige Frau, dieses Modell kann ich Ihnen wärmstens empfehlen", meinte er und zeigte auf das

Teuerste. War gnädige Frau ironisch oder höflich gemeint? So jung wie er war, hat ihm wohl seine Oma eingeschärft, wie man ältere Damen anspricht. Ich betrachtete es mal als Höflichkeit.

Nun weiter im Thema.

„Warum sollte ich denn gerade dieses Gerät nehmen? Welche Vorteile hat es gegenüber den anderen Marken?", wollte ich wissen.

Eifrig bekam ich zur Antwort:

„Nun, die Bedienung für alle Funktionen läuft über die *Indoor Touch Electronic*. Durch leichte Berührung des Feldes stellen Sie die Temperatur am Display gradgenau ein. Das ist innovativ und ganz einfach. Schauen Sie!"

„Bisher mache ich das mit einem Drehregler."

„Aber nicht gradgenau, das war damit nicht möglich", kontert der Berater beflissen. „Sehen Sie hier: *EasyAccess-Shelf* ermöglicht Ihnen durch den erhöhten Rand das leichte Herausziehen der Glasplatte. Mit innovativen *easyLift* Türabstellern verschieben Sie diese in der Höhe, ohne das Fach auszuräumen."

Ich versuchte, eine Zwischenfrage zu stellen, doch Herr Künzelmann setzte seinen Vortrag ohne Zögern fort. Ich hatte keine Chance.

„Sie bekommen außerdem durch energiesparende LED-Technik eine blendfreie Ausleuchtung des Innenraumes. Die *hyperFresh plus Box* hält Obst und Gemüse länger frisch. Sehen Sie hier, mit diesem Schieberegler stellen Sie die gewünschte Luftfeuchtigkeit ein. Geschmack, Vitamine und Nährstoffe bleiben wesentlich besser erhalten."

Erneut setzte ich zu einem Versuch an ihn zu bremsen. Wiederum scheiterte ich kläglich.

„Noch kühler als der restliche Kühlraum ist es in der *hyperFresh 0° Box*. Darin lagern Sie Fleisch und Fisch etwa doppelt so lange wie sonst. Das *bottleRack* verhindert, dass waagrecht liegende Flaschen aneinanderstoßen und herumrollen. Besonders interessant finde ich das *multiAirflow-System*. Es sorgt für gleichmäßige Luftverteilung im Kühlraum. Bevor Sie eine große Menge einfrieren, stellen Sie vor dem Einkauf auf *superFreezing*. Damit verhindern Sie, dass bereits eingefrorene Lebensmittel antauen."

Ich traute mich kaum, seinen Redefluss zu unterbrechen, und hob sichtbar die Hände zu einem Time out. Diesmal reagierte er.

„Wie steht es mit Abtauen?"

„Diese Arbeit können Sie sich sparen. Das macht das Gerät für sie. Reifbildung und Vereisen verhindert die *noFrost-Technik*. Wie Sie sehen, haben die modernen Geräte viel mehr Nutzen für Endverbraucher, als das früher möglich war. Das Highlight aber ist die Verbindung mit der *Home Connect App*. Die *Remote Control* ermöglicht ihnen sämtliche Einstellungen aus der Ferne. Aber noch cooler finde ich, dass Sie mit der App einen Blick in den Kühlschrank werfen können. Was sagen Sie nun?" Er sah mich erwartungsvoll an.

„Und wie soll das gehen?" Ich war ehrlich verblüfft.

„Auch auf diese Frage habe ich natürlich eine Antwort. Im Gerät sind zwei Kameras integriert. Das ist doch praktisch. Ein Beispiel: Sie telefonieren in der Mittagspause mit ihrer Freundin und laden Sie spontan zu sich zum Abendessen ein. Sie schauen auf ihre App und schon wissen Sie, welche Lebensmittel im Kühlschrank fehlen und was Sie auf dem Heimweg von der Arbeit noch einkaufen müssen. Zum Beispiel, Prosecco für einen Sprizz sollte immer vorrätig sein. Hab ich nicht Recht? Hahaha!"

Herr Künzelmann holte erstmals tief Luft und strahlte mich an, mit sich zufrieden, mir so viel detaillierte Information vermittelt zu haben. Er erwartete natürlich Lob. Sollte er bekommen.

„Also, Herr Künzelmann, ich bin beeindruckt. Ihr geballtes Fachwissen in Ehren. Aber ich suche nur eine ganz normale Kühl-Gefrierkombination, oben einen Kühlbereich, unten drei Gefrierschubladen, Effizienzklasse A++, das ist alles. Dann reicht doch das Gerät in der mittleren Preislage, oder?"

Total enttäuscht wanderten seine Mundwinkel schlagartig nach unten. Er sah mich mit Dackelaugen an. Ich hatte Sorge, er würde gleich anfangen zu weinen.

„Schade. Ich bin noch in der Ausbildung und strenge mich wirklich an. Erst letzte Woche war ich auf Schulung, hab so gut aufgepasst und sogar am Wochenende nochmal den ganzen Stoff wiederholt – und jetzt das!"

„Tut mir wirklich leid, dass dieses Supergerät meine Ansprüche übersteigt. Trotzdem bestelle ich bei Ihnen jetzt das einfachere Gerät. Hier die Adresse." Ich gab ihm meine Visitenkarte.

Die Leidenschaft ging nochmal mit ihm durch: „Ich könnte Ihnen aber trotzdem noch den ganz neuen *fullSteam* Kombidämpfer zeigen und das allerneueste Vollflächeninduktionskochfeld, das es momentan auf dem Markt gibt. Wir haben es erst letzte Woche reinbekommen." Er versuchte, mich in den nächsten Gang zu locken, doch ich blieb hart!

„Herr Künzelmann, Ihren Eifer in Ehren, aber ich brauche nur GANZ SCHNELL den Kühlschrank! Es ist Sommer! Und heiß! Verstehen Sie?"

„Natürlich. Schade. Aber wenn wieder etwas bei Ihnen kaputtgehen sollte, kommen Sie bitte zu mir!" Ohne darauf einzugehen, fragte ich ein letztes Mal:

„Wann kann ich mit der Lieferung rechnen?"

„Da schaue ich sofort im PC nach. Bitte folgen Sie mir." Er startete am Tresen erst mal den Computer, tippte sein Passwort ein und öffnete die Maske. „Das Warenwirtschaftssystem zeigt Bestand an. Ich werde sogleich ein Gerät reservieren und die Anlieferung als dringend vermerken."

Er erfasste den Auftrag, holte die Papiere aus dem Drucker und legte mir ein Exemplar mit einem Kugelschreiber vor.

„So, bitte prüfen Sie nochmal die Anschrift und unterzeichnen den Auftrag. Ich hoffe, Sie waren mit meiner Beratung zufrieden, gnädige Frau."

„Danke, schon erstaunlich, was man heute als Verkäufer alles wissen muss. Ich wünsche Ihnen jedenfalls weiterhin viel Freude an Ihrem Beruf, Herr Künzelmann. Weiter so. Sie werden es noch zu etwas bringen!"

Dankbar strahlte er mich an und begleitete mich höflich zum Ausgang.

Somit hatte ich das Abenteuer Kühlschrank-Kauf unbeschadet überstanden.

Geruhsames Wochenende

Ein Freitagmittag im Spätsommer. Die Büroarbeiten waren erledigt und der PC heruntergefahren.

„Ich wünsche euch ein erholsames Wochenende! Bis Montag!", verabschiedete sich Susanne von den Kolleginnen.

Heute Abend erwartete sie Jochen zurück. Endlich! Bei ihrer Lieblingsbäuerin auf dem Wochenmarkt kaufte sie frisches Gemüse, holte beim Metzger die bestellten Rinderrouladen ab und nahm etwas Parmaschinken mit, hauchdünn aufgeschnitten. Jochen sollte nach dem Auslandsaufenthalt sein Lieblingsgericht bekommen: Rouladen, Kartoffelstampf und feines Gartengemüse, als Vorspeise Caprese mit Grissini und Schinken.

Sie freute sich auf das gemeinsame Wochenende mit ihrem Mann. Jochen würde endlich von der Dienstreise heimkehren, die ihn zwei Wochen in Singapur festgehalten hatte. Als Kundendiensttechniker einer Maschinenbaufirma hatte er unverzüglich vor Ort zu sein, wenn eine Anlage fehlerhaft war. Sie schnellstmöglich wieder zum Laufen zu bringen, war Jochens Aufgabe, denn Stillstand bedeutet für jedes Unternehmen Zeitverlust und hohe Kosten.

Susanne bereitete mit Vergnügen das Essen zu und deckte den Tisch festlich ein.

Sie hatte gerade den Rotwein dekantiert, als die Tür aufging und Jochen freudestrahlend die Küche betrat. Sie fielen sich überglücklich in die Arme.

„Ich geh duschen. Bin platt vom langen Flug."

„Ja, das ist verständlich, aber Hunger wirst du hoffentlich haben."

„Natürlich! Und wie!", antwortete er und verschwand im Badezimmer.

Nach dem Essen lehnte sich Jochen rundum zufrieden zurück.

„Du hast dich mal wieder mit deinen Kochkünsten selbst übertroffen, Schatz. Es war köstlich, danke." Jochen nahm sie in den Arm, küsste sie innig. Gemeinsam trugen sie das Geschirr in die Küche.

„Jetzt ist aber genug. Den Rest erledige ich morgen", protestierte Susanne, als Jochen sich anschickte, das Kochgeschirr zu spülen, während sie die neue, flüsterleise Spülmaschine bestückte. Jetzt wollten sie das lang ersehnte Wochenende gemeinsam genießen. Morgen auszuschlafen war ein großer Luxus.

Die Tagesnachrichten schauten sie im Ersten noch an beim letzten Glas Pinot Noir, aber schon bei der darauffolgenden Unterhaltungssendung fielen Jochen die Augen zu. Kein Wunder nach dem langen Flug. Sie wechselten vom Sofa ins Bett und schliefen schnell ein. Samstag sollte sie kein Wecker aus den Träumen reißen.

Von wegen! Die beiden lebten im Dachgeschoss eines hellhörigen Mietshauses mit insgesamt acht Parteien. Susanne hörte im Halbschlaf den Briefkastendeckel klappern. Die Tageszeitung wurde wie täglich gegen vier Uhr für Herrn Schmidt in der Erdgeschosswohnung zugestellt. Susanne drehte sich um und zog die Bettdecke über das Ohr, in der Hoffnung, wieder Ruhe zu finden. Diese hielt nur bis fünf

Uhr fünfzig an. Herr Schulz im ersten Stock unter ihnen zog mit nicht zu überhörendem Ruck die drei Rollläden hoch wie an den anderen Tagen der Woche. Warum sollte er auch samstags später aufstehen als sonst?

Die Morgendämmerung hatte den Hahn in der Nachbarschaft geweckt. Er machte sich lautstark bemerkbar und wichtig. Danach war bis Punkt sieben Uhr Ruhe im Haus.

Zu früh gefreut! Herr Schulz war wohl im Bad gewesen, hatte gefrühstückt und begann nun, die Wohnung auf Vordermann zu bringen, zunächst mit Staubsaugen. Sein Gerät pfiff mit einer hohen Frequenz durch das ganze Haus wie das Triebwerk eines Düsenjets. Die geöffnete Balkontüre entließ dieses Pfeifgeräusch nach draußen, was wiederum den Hund im Nachbargarten zu wildem Gejaule herausforderte. Susanne schrak hoch. Auch Jochen war aufgewacht und sah auf die Uhr. Sie blieben noch im Bett, in der Hoffnung wieder einschlafen zu können. Die Siedlung erwachte langsam zum Leben. Herr König von gegenüber holte sein Auto aus der Garage, gab dabei hörbar Gas, als wolle er den Motor wecken, und rammte den Rückwärtsgang ins Getriebe. Wie an jedem Morgen fuhr er in die Nachbargemeinde, kaufte die Frühstückssemmeln und hielt auf dem Rückweg an der Tankstelle, um sich die Tageszeitung zu besorgen.

„Bei uns am Ort gibt es auch einen Bäcker, aber wohl nicht die gleichen Semmeln", dachte Susanne.

Jochen hatte sich nochmals umgedreht.

Susanne konnte nicht mehr einschlafen, stand leise auf, füllte den Kaffeeautomaten mit frischem Wasser, deckte den Tisch ein und drückte den Einschaltknopf am Dampfbackofen, in den sie ein Blech mit Croissants geschoben hatte.

Als sie das Badezimmer verließ, duftete es schon fein nach Gebäck. Inzwischen war auch Jochen aufgestanden. Kein Wunder, denn irgendjemand hatte einen Benzinrasenmäher angeworfen. Es war schließlich Samstag und perfektes Wetter. Nicht verwunderlich, dass schon ein paar Kinder mit Skootern, Bobby Cars und Skateboards mit lautem Gekreische Wettfahrten veranstalteten wie in Italien, wenn Ragazzi mit Vespa-Rollern ständig im Corso fahren.

Herr König von gegenüber — der mit den Semmeln — hatte aus dem Geräteschuppen die Heckenschere parat gelegt sowie die Motorsense. Samstag ist Gartenpflege angesagt, danach Auto aussaugen.

Es schien einen Wettbewerb in der Wohnsiedlung zu geben, wer die neuesten Arbeitsgeräte besitzt und den meisten Lärm verursacht. Denn kurz nachdem Herr König mit Heckenschneiden angefangen hatte, begann sein Nachbar zur Linken mit Stichsäge und Bohrmaschine ein Holzbrett zu malträtieren.

Nach dem Frühstück fuhren Susanne und Jochen zum Gartencenter im nächstgelegenen Baumarkt. Für ihren Balkon brauchten sie neue Stühle, die jetzt zum Schlussverkauf günstig angeboten wurden, sowie ein paar winterharte Koniferen, Dünger und Blumen. Den total verkalkten Brausekopf in der Dusche sollte Jochen auch auswechseln.

Susanne hatte sich in eine neue Schreibtischleuchte verguckt: „LED ist ein stromsparendes Leuchtmittel. Und außerdem ist diese Lampe eleganter als das alte graue Metallgestell, findest du nicht?"

Dem konnte Jochen nichts entgegensetzen. Auch dieser Karton wanderte in den Einkaufswagen. Sie hatten alles erledigt und suchten sich die kürzeste Schlange an den Kassen. Kaum standen sie an, hörten sie hinter sich Herrn Schmidt von der Gartenwohnung unten, der ihnen zurief:

„Ja Herr Nachbar, wieder im Lande? Sie haben ja auch ein paar Schnäppchen gefunden, wie ich sehe!"

Er begutachtete fachmännisch den Inhalt des Einkaufswagens.

„Aber schauen Sie mal, was ich in der Fundgrube entdeckt habe, alles mehrmals reduziert: Hochdruckreiniger, Akku-Teleskop-Hoch-Entaster, Laubbläser, und diese Kettensäge. Der Herbst steht vor der Tür, und ich will gut gerüstet sein. Stellen Sie sich mal vor, was ich gespart habe!"

Er holte einen Taschenrechner aus seiner Jacke und hielt ihn Jochen vor die Nase.

„Sage und schreibe zweihundertzwanzig neunundneunzig! Was sagen Sie dazu?", fragte Herr Schmidt erwartungsvoll. Susanne und Jochen schauten sich nur an. Nach einem Seufzer antwortete Hubert:

„Sie sind halt ein genialer Schnäppchenjäger. Damit werden Sie bestimmt viel Freude haben und sind besser ausgerüstet als alle Nachbarn in unserer Umgebung. Glückwunsch!"

So viel zum Thema geruhsames Wochenende.

Schwiegertochter gesucht

Sonntagnachmittag. Heute war es soweit.

Claus schlüpfte in die graue Strickjacke mit dem Zopfmuster, natürlich von Mutter selbst gestrickt. Sie freute sich, wenn er ihre handgefertigten Sachen trug. Claus hingegen vermied es. Die billige Wolle kratzte. Während der Woche musste er einen der beiden Anzüge in gedeckten Farben nehmen, dunkelgrau oder dunkelblau. Dazu weißes Hemd und schwarze Krawatte, passend zu seiner Tätigkeit in einer Friedhofsverwaltung der Stadt Augsburg.

Er schnappte sich den Autoschlüssel.

„Also, Mutti, bis später!"

„Ja, Clausi, fahr vorsichtig! Vergiss den Hausschlüssel nicht und sei pünktlich!"

Diese Anweisungen hörte er schon nicht mehr. Er kannte sie zur Genüge. Claus startete den silbermetallic lackierten Opel Astra und fuhr nach *Oberhausen*, einem Stadtteil von Augsburg.

Dort erwarteten sie ihn schon. Elif trug ein buntes Kleid und ein seidenes Kopftuch, das ihr fein geschnittenes Gesicht gut zur Geltung brachte. Der goldener Armreif, sein Geschenk zu ihrem letzten Geburtstag, glitzerte in der Sonne. Mit einer innigen Umarmung begrüßten sich die beiden Verliebten. Elifs Vater, die beiden älteren Brüder und die Mutter standen in der Tür und baten ihn auf einen Tee herein. Claus wusste, dass er aus Höflichkeit diese Geste annehmen musste. Andererseits legte seine Mutter größten Wert auf Pünktlichkeit. Die Fahrt zurück nach *Göggingen*, einen südlichen Stadtteil, würde dauern. Aber, was sollte es. Der Tee war köstlich und Bülent, das Familienoberhaupt, freute sich über die Wahl seiner Tochter. Er betrachtete Claus als anständigen, fleißigen und ehrenwerten zukünftigen Schwiegersohn. Ihre Brüder hätten sich natürlich lieber einen Türken gewünscht.

Claus drängte zum Aufbruch. Die beiden Verliebten waren nervös, Claus besonders.

Er hatte seiner Mutter bereits verschiedene Freundinnen vorgestellt. Entweder stammten sie aus nicht bevorzugten Wohngegenden Augsburgs, oder sie fand einen anderen Grund, weswegen diese Frauen für ihren einzigen Sohn nicht gut sein konnten.

Hannelore zum Beispiel war nicht sparsam genug und gab in Muttis Augen zu viel Geld für Kleidung und Kosmetik aus. Letztendlich glaubte er es selbst.

Margret kam aus einfachsten Verhältnissen und arbeitete bei einem Discounter. Mit ihrer verwitweten, kranken Mutter und drei jüngeren Geschwistern wohnte sie in einem Sozialbau im *Hochfeld*. Zur Witwenrente steuerte Margret mit ihrem schmalen Lohn zum Familieneinkommen bei. Sie war notgedrungen sparsam und konnte immerhin kochen, aber Clausis Mutter hegte den Verdacht, dass es die junge Frau nur auf Sicherheit und das bescheidene Vermögen ihres Sohnes abgesehen hatte.

Carina, die dritte Kandidatin, kam aus gutem Hause, hatte nach dem Abitur ein Studium der Betriebswirtschaft abgeschlossen und verdiente ihr Geld bei einem Wirtschaftsunternehmen im Osten von München. Auch sie kam nicht in Frage. Zu wenig daheim, schon wegen der Fahrten zur Arbeit, dazu kam ihr Interesse an Museen, Konzerten und dem Theaterspiel bei einem Ensemble. Sie konnte weder Kochkünste vorweisen, noch einen Haushalt in Ordnung halten. Mikrowellenkost war nichts für Clausi.

Mutti ging natürlich immer davon aus, dass ihr Sohn bei ihr im Häuschen wohnen bleiben würde.

Dieser Kurzfilm lief vor Clausis innerem Auge ab, bevor er die Haustür aufsperrte.

„So, Elif, hier wohnen wir."

Seine Mutter wartete bereits im Flur, sah auf die Armbanduhr und sandte einen vorwurfsvollen Blick zu ihrem Sohn, bevor sie die junge Frau an seiner Seite richtig wahrnahm. Ihr Gesicht erstarrte schlagartig, die Augen verdüsterten sich hinter zusammengekniffenen Lidern. Die Lippen verschwanden gänzlich nach innen, der Mund war nur noch ein Schlitz.

„Mutti, das ist Elif. Elif, das ist meine Mutter Irmgard."

Die junge Frau streckte vorsichtig die Hand aus. Erschrocken und unsicher waren ihre Gesichtszüge. Sie spürte sofort, dass sie hier nicht willkommen war. Irmgards Mine entspannte sich nur langsam. Ohne Begrüßung ging sie voraus ins Wohnzimmer und sagte nur: „Bitte", und wies auf die Sitzgruppe. „Ich sehe nach dem Kaffee."

Sie verschwand in der Küche und holte tief Luft. Wie konnte er ihr das antun? Ihr, die immer nur sein

Bestes wollte, schwierig ohne Ehemann. Gespart, dass er das Gymnasium im Kloster St. Stephan besuchen konnte, über Beziehungen die Stelle im Amt besorgt, und nun – war das sein Dank? Diese Türkin würde sie schon vergraulen!

Die Wut ging mit ihr durch. Irmgard füllte den Kaffee in die vorgewärmte Porzellankanne und trug sie ins Wohnzimmer.

„Hier dürfen S*ie* nicht sitzen, das ist Clausis Platz, seit mein Mann tot ist. Setzen Sie sich hierhin!", befahl sie in scharfem Ton und deutete auf den freien Stuhl, bevor ihr Sohn etwas entgegnen konnte. Elif sah unsicher zu ihrem Geliebten, folgte der Anweisung.

„Entschuldigung! Konnte ich nicht wissen", entgegnete sie in perfektem Deutsch.

Claus rückte auf seinen Platz.

„Schau mal, das hat Elif für dich gebacken!", versuchte er, die Situation zu entspannen und schob ihr die Schale mit *Baklava* hin.

„Ich hol lieber Clausis Lieblingskuchen."

Ohne sich zu bedanken, verschwand sie abermals in der Küche. Mit drei Tellern auf dem Tablett kam sie zurück und verteilte sie, zuerst an Clausi, dann erst an ihren Gast.

„Ich hab ordentlich Puderzucker darüber gesiebt, damit die Äpfel richtig süß sind!", verkündete sie heuchlerisch und goss Kaffee ein.

Zufrieden setzte sie sich und nahm den ersten Bissen vom Kuchen. Auch Elif griff nach einem aufmunternden Blick von Claus zur Gabel. Gespannt wie ein

Regenschirm beobachtete Irmgard ihr Gegenüber. Schadenfreude machte sich breit, als Elif ihr Gesicht verzog, aber tapfer den Kuchen schluckte, ohne sich etwas anmerken zu lassen. Die kräftige Prise Salz unter dem Puderzucker hatte ihren Dienst getan.

Als Claus an diesem Abend wieder nach Hause kam, erwartete ihn eine Standpauke, bevor er überhaupt etwas sagen konnte. Irmgard hatte einen Ton angeschlagen, der sich fast überschlug, je mehr sie sich hineinsteigerte. Sie warf ihrem Sohn Undankbarkeit vor, Unverschämtheit, ihr eine ausländische Braut zu präsentieren, die auch noch ihrer Meinung nach dem falschen Glauben angehörte.

„*Die* zieht hier nicht ein, dafür werde ich sorgen! Und Enkel will ich von *der* schon gar nicht, falls du mit deinen achtunddreißig Jahren dazu überhaupt fähig bist. So, und jetzt ab in dein Zimmer!"

Claus gehorchte ein letztes Mal. Oben packte er seine wichtigsten Dinge ein, beide Anzüge, Hemden, Krawatten und Wäsche in den Koffer, Bücher, CDs und seine Papiere fanden in der Reisetasche Platz. Die gestrickten Pullis, Westen und Pullunder, sowie die Wollsocken ließ er im Schrank zurück, ordentlich gefaltet.

Irmgard vernahm im Hausgang Geräusche, schaute nach und entdeckte Koffer und Tasche ihres Sohnes.

„So, Mutter. Ich gehe jetzt, und zwar endgültig. Mir reicht es. Ich liebe Elif und sie mich. Wir werden heiraten!", schmetterte er ihr entgegen.

Zum ersten Mal tat er, was er wirklich wollte.

„Wenn du mir das antust, brauchst du nie mehr zurückkommen. Und erwarte ja nicht, dass ich zur Hochzeit komme, du Undankbarer. Enterben werde ich dich, bekommt alles der Tierschutz! Was hab ich alles für dich ...“

Claus hörte sich die Schimpftirade nicht bis zu Ende an. Er öffnete das Auto, stellte sein Gepäck in den Kofferraum, drehte den Zündschlüssel um und das Radio auf — laut. Die Bassgitarre setzte ein und spielte das Intro, *Joe Cocker* krächzte „Unchain my heart“ und Claus fühlte sich so befreit wie noch nie, so leicht, so voller Tatendrang, einfach gut.

Bei offenen Fenstern cruiste er durch die Stadt, sang laut mit und wusste, was er gleich am nächsten Tag tun würde, nachdem er Elif und ihrer Familie von seinem Auszug daheim erzählt hatte. Er würde einen hellen Anzug kaufen, dazu bunte freundliche Krawatten und eine Wohnung für seine neue Familie suchen, für heute zunächst ein Zimmer in einer Pension.

Heidis Kindheit

„Von nun an weht ein anderer Wind!", verkünde-
te Vater mit scharfer, unheilverkündender Stimme.
Niemand am Tisch erlaubte sich einen Kommentar.
Mit gesenktem Kopf sah seine älteste Tochter Heidi
auf ihren Frühstücksteller. Es war Viertel nach sieben
und ihr erster Schultag. Mutti goss Kakao nach und
ermahnte sie, ordentlich Honig auf das Schwarzbrot
zu streichen.

„Der Tag wird anstrengend", meinte sie und hatte
Recht, wie sich später herausstellte.

Adelheid, genannt Heidi, hat mir ihre Erlebnisse
genauestens berichtet. Ich erzähle sie mit meinen
Worten:

Kindheit, wann beginnt sie. Wann hört sie auf?
Die von Heidi lässt sich in zwei Zeitzonen eintei-
len: vor und nach der Einschulung.

Beginnen wir mit der ersten Periode:
Heidi erblickte im Januar 1952 die kalte Winter-
welt zu einem denkbar ungünstigen Zeitpunkt. Ihre
Eltern hatten vor wenigen Monaten ihren eigenen
Laden mit Reparaturwerkstatt in der Stadt eröffnet.

„Bringt sie mir. Ich zieh sie auf", erbot sich Oma
aus einem Vorort, was sich für Heidi und ihre zwei
Jahre später geborene Schwester Bärbel als großes
Glück erwies. Die Großmutter väterlicherseits be-
wohnte mit ihrem Ehemann das Obergeschoss eines

einfachen Hauses, Heidis Tante Lisa und ihr Onkel Oskar lebten unten. Großvater war vor seinem Ruhestand Förster gewesen. So gehörten Jagdhunde zum Haushalt, ein Dackel, ein Drahthaar und ein dreibeiniges Rehkitz, dessen fehlendes Beinchen einer Sense zum Opfer gefallen war. Das Tierchen wurde Großvater anvertraut. An ihn konnte sich Heidi nicht mehr erinnern. Er verstarb, als sie ein Jahr alt war.

Oma lebte äußerst sparsam und versuchte, den beiden Mädchen — sie hatte später auch Bärbel aufgenommen — eine geborgene Kindheit zu ermöglichen. Man versorgte sich mit dem, was der Garten hervorbrachte, vom Bauern holte man Kartoffeln, Mehl und Eier. Ihr Spielzeug bestand aus *Gluggern*, also Murmeln oder Schusser, zwei Puppen, einem Teddybären, später kam ein Kasperletheater dazu. Alte Schuhschachteln mit Schnur dran dienten als Puppenwagen. Einen Sandkasten hatte der Onkel gebaut, und die selbst gebackenen Sandkuchen garnierte Heidi mit Gänseblümchen. Oma und Tante kauften mit Spielgeld ein. Die Herstellung dafür war einfach: Festes Papier über echten Münzen mit Bleistift schraffieren und damit die Oberfläche sichtbar machen, ausschneiden, fertig. Das Spielgeld verwahrte man in einem Stoffsäckchen. Oma konnte nämlich gut nähen und stricken. Heidi erinnerte sich an die Singer Nähmaschine, die mit einem Lederriemen über ein Pedal angetrieben wurde und so manches Kleid für die Mädchen hervorbrachte. Wenn man aus einem Pullover herausgewachsen war, trennte ihn Oma auf und wickelte die Wolle zum Glätten um eine Flasche mit heißem Wasser. Kombiniert mit einem Strang neuen Garnes in passender Farbe wurden die Kleidungsstücke mit den Jahren immer bunter.

Als Heidi etwa drei Jahre alt war, erfuhr sie die schrecklichste Nachricht in ihrem noch jungen Leben: Ein Virus hatte alle ihre tierischen Spielgefährten dahingerafft. Damals wurde nicht gegen Staupe geimpft. Ganz ohne Tiere ging es nicht lange gut. Oma erfuhr in der Nachbarschaft von einem Wurf Dackelwelpen. Nach einer gefühlten Ewigkeit durfte Tante Lisa zwei davon abholen, einen roten und einen schwarzen Langhaar-Dachshund. Die Welt war wieder in Ordnung. Bestimmt kann sich Heidi heute noch an den Geruch der kleinen Rüden erinnern und die rosa Bäuchlein, die sie so gern streichelte.

Eines Tages war Moritz, der Schwarze abgehauen, und kam nicht mehr heim — überfahren. Wieder eine schlimme Nachricht. Die ganze Liebe konzentrierte sich dann natürlich auf Batzi. Er war kräftig, muskulös, sich seiner Schönheit durchaus bewusst und trug die Rute hochgestellt zur Schau. Kaminkehrer und Postboten ließ er nicht in den Hof und verteidigte sein Revier mit vehementem Gebell. Batzi begleitete seine Familie vierzehn Jahre lang.

Oma war sehr gläubig und betete viel mit den Kindern. Vor aufziehenden Gewittern hatte sie allergrößte Angst. Selbst mitten in der Nacht wurden die Kinder von ihr geweckt, hatten sich anzuziehen und den Rosenkranz zu beten. Im Fenster brannte die Wetterkerze, ein gepackter Koffer mit dem Wichtigsten stand immer griffbereit im Hausgang, falls man bei Blitzschlag das Haus verlassen musste. Bestimmt hingen damit auch Kriegserlebnisse zusammen.

Heidi war das ruhige, besonnene Kind, ihre Schwester Bärbel dagegen äußerst temperamentvoll. Wenn etwas nicht nach ihrem Willen ging, schlug sie, flach liegend und wie am Spieß schreiend, mit Händen und Füßen auf den Boden ein. Sie hatte stets das Gefühl, als Zweitgeborene schlechter dran zu sein als ihre ältere Schwester, obwohl man sie keinesfalls benachteiligte, im Gegenteil. Die Wutausbrüche wurden manchmal so schlimm, dass sich Oma nicht mehr zu helfen wusste und mit ihr zum Abbeten ging.

Tante Lisa, die mit ihrem Mann in Omas Haus wohnte, hatte das sehr viel später mal erzählt. Sie waren kinderlos geblieben. Der Onkel arbeitete in der Stadtmitte. Wenn er zuhause war, mussten sich die Kinder ruhig verhalten und ihm gegenüber allergrößten Respekt entgegenbringen. Damals servierte die Tante das Mittagessen im Wohnzimmer, selbst aß sie in der Küche. Nach dem Mittagsschlaf ging der Onkel wieder zum Dienst, und die Kinder konnten endlich raus. Heidi glaubte, er hatte sie gern gehabt, aber zur damaligen Zeit zeigte man (Mann) keine Gefühle.

Einmal im Monat gingen die Eheleute zum Kegeln. Der Freundeskreis bestand aus einem Friseur, einem Reporter bei der Zeitung, einem Arbeitskollegen und einigen Sangesbrüdern des Männerchores, dem der Onkel angehörte. Manchmal wurde daheim geprobt. Die Kinder saßen oben auf der Treppe und lauschten den schönen Liedern. Dazu spielte Oskar auf seiner Laute und holte dazu zwei Flaschen *Scheu-*

rebe aus dem Keller. „Das lockert die Zunge!"

Bei den geselligen Männerabenden reichte Tante Lisa belegte Brote und Gebäck und saß dann wieder in der Küche. Sie umsorgte die Gäste fast unsichtbar.

Der Keller des Hauses war in mehrere Räume unterteilt: Da gab es die kleine Werkstatt mit einem Weinregal, die Waschküche mit ausgelaugtem Holztisch und das kleine Bad, das zu Omas Wohnung unterm Dach gehörte, mit Wanne, Heizkessel und einer Schleuder, Marke *Scharpf*. Bevor der Ort mit einer Kanalisation versorgt wurde, hatten sie unten oft Hochwasser stehen. Lange noch waren die Kreide-Markierungen mit den Jahreszahlen an der Wand zu lesen. Der Keller wurde später mit elektrischem Licht ausgestattet und vom Erdgeschoss aus geschaltet. Zur Strafe, wenn die Kinder mal was angestellt hatten, meistens ja Bärbel — aber Heidi als die ältere hätte ja vernünftig genug sein müssen, sie davon abzuhalten — wurden sie in den Keller gesperrt, natürlich ohne Licht, wo man androhte, man könnte dem *Wullemann* begegnen. Sie trafen ihn zum Glück nie, hatten aber vor ihm Angst. Noch heute hat Heidi bestimmt den Geruch des Kellers in der Nase, muffig von den feuchten Wänden, manchmal auch die *Sunlicht* Kernseife aus der Waschküche und die erdigen Kartoffeln unter der Holztreppe. Wenn die Mädchen wieder ans Tageslicht geholt wurden, denn Oma strafte sie ungern, war zur Wiedergutmachung schon Pudding gekocht, oft mit Ei versehen, das natürlich geronnen war, aber nahrhaft, wie Oma erklärte. Darauf hätten die Kinder gerne verzichtet, aber stehen lassen ging gar nicht. Sie gab sich mit dem Essen wirklich Mühe. Sogar das dünn mit Rama bestrichene Brot verzierte sie mit dem Wellenschliffmesser, das sah besser aus.

Kleine Einkäufe waren Heidis Aufgabe. Manchmal durfte sie sich im Kolonialwarenladen an der Hauptstraße eine Streichkäseecke aussuchen. Da gab es die Sorten *Dorahm, Relli* oder *Tomato*. Sie überlegte lange, welche sie nehmen sollte und ließ nach ihr gekommene Kunden vor. Es war etwas Besonderes für sie. Noch heute liebt Heidi Käse, allerdings andere Arten. Lebertran und *Rotbäckchen* gab es in der Drogerie. Sollten gesund sein. Die Kinder waren davon nicht überzeugt. Widerrede galt nicht. Der Fußweg zum Laden führte den Berg hoch am Pfarrhaus vorbei, im Winter die allerbeste Rodelbahn.

An der Hauptstraße war es für Kinder spannend, wenn die Amerikaner mit Panzern und Lkw zu den Kasernen fuhren. Zum ersten Mal in ihrem Leben erblickte Heidi Menschen mit dunkler Hautfarbe. Sie und andere Nachbarskinder winkten den Soldaten freundlich zu, nicht ganz ohne Hintergedanken. Ab und zu bekamen sie etwas zugeworfen wie in Köln bei Karnevalsumzügen. Neu waren Kaugummi und Erdnussbutter, die Heidi heil aufgefangen hatte und Oma freudestrahlend präsentierte. Englisch konnte niemand. Erwartungsvoll stand Heidi daneben, bis Großmutter den Deckel geöffnet hatte, daran gerochen und einen winzigen Löffel davon versucht hatte.

„Das ist nichts für euch!", stellte sie fest. Jahrzehntelang wusste Heidi nicht, wie sie schmeckt.

Zum fünften Geburtstag durfte sie einen Wunsch äußern: Rollschuhe! Heidi hatte damit schon einige Kinder rumflitzen sehen und stellte sich vor, wie spannend es sein könnte, mit Geschwindigkeit die Straße auf und ab zu sausen, dass die Zöpfe nur so flogen. Ihre Eltern, die sie ja meist nur am Sonntag zu sehen bekam, erfüllten ihr den Wunsch. Begeistert packte sie die Schachtel aus und schnallte sich im Wohnzimmer — es war Winter an ihrem Geburtstag — die *Hudoras* unter die Stiefel. Alle Anwesenden beobachteten ihre erste Runde. Sie strauchelte und entschied während des Sturzes, sich auf den Hintern fallen zu lassen.

„Das ist viel zu gefährlich!", war Omas Kommentar. „Ihr tauscht sie gegen einen Tretroller um und ich leg Geld drauf, wenn etwas fehlt!"

Damit war entschieden, dass Heidi die Rollschuhe wieder ordentlich in den Karton zu packen hatte. Die halbe Nacht weinte sie vor Enttäuschung.

„So ein Mist! Hätte ich mich doch nicht so blöd angestellt. Was war schon ein Roller!"

Sie kannte welche aus Holz und freute sich kein bisschen darauf.

Am Ostersonntag stand dann *Pucky* im Hof, ein rot lackierter Roller aus Metall mit weißen Gummireifen, Fußbremse und Klingel am Lenker. Nach der ersten Runde war Heidi mit dem Verlust der Rollschuhe versöhnt, denn mit kräftigem Anschieben konnte man durchaus beträchtliche Geschwindigkeiten erreichen. Ganz prima klappte das auf dem Teer. Omas Haus lag an einer verkehrsarmen Sackstraße, an dessen Ende Heidis allerliebste Spielkameraden wohnten, Hubert und Phillip.

Heidis Eltern machten zum ersten Mal Urlaub und fuhren mit ihrer *Lambretta*, einem Motorroller, an die Adria. Sie brachten den Töchtern unter anderem einen feuerspeienden schwarzen Hund aus Filz mit sechs Beinen mit. Laut Wikipedia erklärte die Pressestelle der Firma *Agip* aus den fünfziger Jahren, dass die sechs Beine dieses imaginären Tieres vier Autoreifen und die beiden Beine des Fahrers darstellen, eine Symbiose zwischen Mensch und Maschine als Ausdruck der künftigen modernen Art des Transports.

Für die Geschwister Anlass genug, die gegenüberliegende Garage zur Agip-Tankstelle zu erklären. Die beiden Jungs waren als Tankwarte stets zuvorkommend bemüht, den Roller mit Sprit zu füllen, den Reifendruck zu prüfen und die Klingel zu testen, natürlich gegen entsprechendes Trinkgeld.

Wenn das Wetter einen Strich durch die Rechnung machte, mussten die Mädchen im Haus spielen. Aus Wollresten fertigten sie mit der Strickliesel Puppenkleidung und Topflappen. Aus dem alten Versandkatalog von *Witt Weiden*, woher Oma Bettwäsche, Kittelschürzen und Frotteeware schicken ließ, schnitten sie Modelle und Kleider aus und klebten sie mit Mehlkleister auf Pappe.

In die Welt der Bücher tauchten sie zunächst einmal durch Vorlesen ein. Ihrem Teddy erzählte Heidi anschließend die Märchen so exakt wie möglich nach.

Er schien ihr aufmerksam zuzuhören und brummte zustimmend, wenn sie ihn nach vorne neigte.

Zur Entlastung der Oma durften die Mädchen auch manchmal für ein paar Wochen zu den Eltern ihrer Mutter in ein kleines Dorf im nördlichen Landkreis. Wunderbar! Sie bewohnten ein kleines Häuschen mit Garten. Opa war gelernter Zimmermann und arbeitete im örtlichen Sägewerk. Als Kriegsteilnehmer war er Mitglied im Veteranenverein und bei der Feuerwehr. In der Musikkapelle spielte er Trompete, war beliebt, gesellig und geschickt. Die Dorfbewohner hatten stets etwas zu reparieren oder anzufertigen. In der winzigen Werkstatt, einem Anbau zwischen Heustadel und Hühnerstall, bewahrte er seine Werkzeuge auf, außerdem gab es einen Schleifstein und einen Hackstock. Wenn mal wieder eine Bank oder Leiter gebaut werden sollte, stand Heidi neugierig dabei und lernte den Umgang mit Holz.

Oma arbeitete am liebsten in der Küche und bei den Tieren. Sie hatten natürlich Hennen und einen Gockel, Enten, einen Foxterrier und zwei Schweine. Einige Felder und Wiesen gehörten auch zum Anwesen und waren teilweise verpachtet. Mit den Buben der Nachbarn verbrachten die Mädels viel Zeit bei der Heuernte, beim Kartoffelklauben, beim Getreidedreschen und im Kuhstall. Heidi lernte melken und wusste, wie Kälbchen zur Welt kamen. Sobald sie nicht mehr bei der Mutterkuh tranken, bekamen sie Kälbermilch aus Eimern. Anfangs konnten sie daraus nicht trinken. Heidi tauchte ihre Hand in die Flüssigkeit, steckte sie in das Maul mit der rauen Zunge, um sie zum Saugen anzuregen. Der Stallgeruch störte sie nicht. Allerdings fand sie, dass Kühe angenehmer rochen als Schweine und Hühner.

In der Nähe stand ein großer Gutshof mit Pferdezucht, der mit dem Fahrrad in einer Viertelstunde zu erreichen war. Wenn die Stuten auf der Weide an der Straße grasten, konnte man sie streicheln. Oma wunderte sich immer, dass so wenig gelbe Rübchen im Garten wuchsen, obwohl sie frisches Saatgut verwendet hatte. Dass Heidi jede zweite Karotte herausgezogen und zu den Pferden mitgenommen hatte, erfuhr sie nie. Bestimmt erinnert sich Heidi noch heute an die weichen Nüstern und hört das zufriedene Kaugeräusch.

Ihr Fahrrad bestand aus diversen zusammengesetzten Teilen vom Schrottplatz. Es war anstrengend ohne Sattel, auf den sie eh nicht gereicht hätte, im Stehen zu fahren. Was vermag die Liebe zu Pferden nicht alles.

Abends, wenn Bärbel schon im Bett war, durfte Heidi auf Opas Knien sitzen. Er erzählte von den Kriegserlebnissen bei der Infanterie, den Schlachten in Frankreich und der Gefangenschaft in England. Die beiden Weltkriege waren die einzige Zeit gewesen, in der er aus seinem Dorf herausgekommen war. Sie prägten ihn natürlich. Er wusste, wie Hunger schmeckt. Die Enkelin hing an seinen Lippen und sog förmlich die Geschichten auf, die er lebendig erzählen konnte. Oma erklärte ihr, dass nach Kriegsende viele Flüchtlinge bei ihr einquartiert wurden. Für sie eine schwierige Zeit, bevor ihr Mann spät aus der englischen Gefangenschaft heimkehrte.

Die Großeltern hatten nicht viel und lebten bescheiden und zufrieden. Opa schärfte ihr ein, später Fremdsprachen zu lernen. Französisch und Englisch hätten ihm während des Krieges hilfreich sein können. Diese Chance hatte weder für ihn, noch für seine Brüder bestanden. Einer war gefallen für das Vaterland — wie es hieß.

Diese glückliche Zeit bei den Großeltern ging für Heidi wie im Flug vorüber. Die Gerüche, den Geschmack des einfachen, aber feinen Essens, die Haptik, die die Finger spürten, wenn sie über ein warmes Fell streichen durften, wird Heidi nie vergessen. Für diese Eindrücke ist sie all ihren Großeltern dankbar.

Vor der Einschulung begann der zweite Abschnitt ihrer Kindheit.

Sie musste zu den Eltern in die ihr noch fremde Innenstadt ziehen, eine neue Erfahrung.

Der Abschied von Oma und Tante war tränenreich. Ihre Schwester Bärbel, die Spielkameraden und die Hunde würde sie sehr vermissen, das wusste sie jetzt schon. Aber, es half nichts.

Zwei Tage vor dem ersten Schultag setzte Oma ihre Enkelin an der Endstation in die Trambahn. Der Schaffner versprach der Großmutter, darauf zu achten, dass das Kind an der richtigen Haltestelle ausstieg. An der Kirche holte sie ihre Mutter ab und zusammen gingen sie ins Geschäft. Papa wartete schon.

Nach Ladenschluss führte sie der Fußweg zur Wohnung in einem Mietshaus. Das Gebäude war für Heidis Begriffe imposant, dreistöckig, die Fassade in zartem Gelb gehalten und, wie sie später lernte, ein *Traufseitbau mit Satteldach und Flacherkern*, erstellt um 1900. Es steht noch heute. Die Haustüre aus reich verziertem Holz schmückt ein Glaseinsatz mit schmiedeeisernem Gitter und den Initialen des Besitzers. Vom Eingangsbereich mit einem von unzähligen Füßen ausgetretenen Bodenmosaik führten breite Holztreppen nach oben. Der Geruch von *Sigella* setzte sich in Heidis Nase fest. Sie sollte das Bohnerwachs später noch genauer kennenlernen. Jede Stufe knarzte anders.

Die Familie wohnte zunächst zur Untermiete bei einer alleinstehenden Frau im zweiten Stock. Dort angelangt blitzte Heidi zunächst der Briefkastenschlitz aus blankgeputztem Messing an der Wohnungstür ins Auge. In Zierschrift war auf dem Deckel eingraviert: *Briefe und Zeitungen.* Später benutzte man das Klappern am Schlitz statt der Klingel, um andere Mitbewohner nicht zu stören. Die Eltern hatten nur ein Zimmer bei Tante Hermine, wie man sie nennen sollte. Außerdem waren noch zwei weitere Räume an Zimmerherrn vergeben.

Das erste, was man dem Kind einschärfte, war, möglichst leise zu sein und am besten unsichtbar. Nur im Treppenhaus, wenn ihm jemand begegnete, hatte es laut zu grüßen, mit Namen, wenn es ihn wusste, sonst mit „Gnädige Frau" oder „Gnädiger Herr".

Das Gebäude war u-förmig angelegt. Jeder Raum verfügte über Tageslicht. Die Wohnung bestand aus einem langen, schmalen Gang, von dem weiß lackierte Türen zu den jeweiligen Zimmern führten. Am Ende des Flures zeigte man Heidi die Toilette. Der Wasserkasten hing bedrohlich weit oben unter der Decke. Eine Kette, unten geführt in einem Metallring, um die Wand nicht zu beschädigen, endete in einem Porzellangriff in Form eines Tannenzapfens. Das Spülwasser rauschte mit Getöse durch das Rohr, wenn man daran zog. Das Klosett durfte Heidi daher nur tagsüber benützen, für nächtliche Notfälle stand ein Nachttopf neben ihrem Bett. Das Zimmer war aus Platzmangel nur mit dem Nötigsten ausgestattet. Ein mächtiger Dauerbrandofen in der Ecke sorgte für angenehme Zimmertemperatur und Warmwasser. Waschen musste man sich in einer Schüssel, das Frischwasser holte Mutter in der Küche bei Tante Hermine, der einzigen Möglichkeit. Samstagabend war Baden angesagt in einem großen Zink-Bottich der Firma *Zeuna-Stärker*, mit *Sunlicht* Kernseife, Vater zuerst, dann Heidi und am Schluss Mutti. Das Essen bereitete man auf einem elektrischen Zweiplattenkocher zu.

Die erste Nacht war für Heidi sehr ungewohnt, fremde Umgebung, andere Geräusche, bis sie die Müdigkeit übermannte und einschlafen ließ.

Am nächsten Morgen gingen die drei zum Geschäft. Die Eltern machten allerdings einen Umweg und zeigten ihrer Tochter den Weg zur Volksschule. Das Kind prägte sich die Gassen, Häuser und Läden gut ein. An diesem Tag stand Friseur auf der Agenda.

Sie ahnte Schlimmes. Mutter brachte sie zum Coiffeur, der auch Kunde bei ihr im Laden war, und bestellte für ihre Tochter einen Kurzhaarschnitt.

„In der Früh ist keine Zeit zum Zöpfeflechten. Ich hol dich in einer halben Stunde wieder ab."

Der Figaro legte seine Werkzeuge bereit, pumpte den Stuhl soweit wie möglich nach oben, band ihr einen Umhang um den Hals, es ging los!

„Du willst bestimmt deine beiden Zöpfe behalten, stimmt´s?" Mitleid schwang in diesem Satz.

„Ja, wenn das geht?", bat das Mädchen kleinlaut.

„Das geht, schau her, wir lassen unten die Spangen dran, oben mach ich einen Klebestreifen drauf, dann halten sie zusammen. Weh tut es übrigens auch nicht. Also, schnipp schnapp und der Zopf ist ab!", versuchte er, sie aufzumuntern. Er sah ihre feuchten Augen. Am Ende hatte er ihr einen braven Pagenschnitt mit schnurgeradem Pony verpasst. Zufrieden legte Mutti großzügig Trinkgeld auf den Zahlteller.

Den Rest des Tages verbrachte das Kind zusammen mit Vati und seinem Lehrling in der Werkstatt, außer: am Nachmittag durfte sie bei *Salamander* ein Paar Halbschuhe aussuchen. Die Verkäuferin in einem schwarzglänzenden Kittel vermaß ihre Füße und brachte drei Kartons. Nach der Anprobe musste sie einige Schritte gehen. Dann prüfte die Angestellte den Platz vor den Zehen und fragte, ob etwas drückte. Mutti suchte das schönste Paar aus und mit der Schachtel durfte Heidi ein Comic-Heftchen mitnehmen, von *Lurchi*, dem bekannten Feuersalamander. Sie freute sich, dass sie es bald lesen können würde.

Anschließend kauften sie noch einen braunen Lederschulranzen, eine Schiefertafel, Griffel, eine gelbe Schwammdose und eine Griffelschachtel. Diese war aus grün lackiertem Holz, mit einem Fliegenpilz bemalt, und der herausziehbare Schieber diente gleichzeitig als Lineal. So schöne Dinge hatte Heidi noch nie gehabt und die Passion für Schreibgeräte hat sie bis heute nicht losgelassen.

Abends nach der Brotzeit richtete sie die Kleidung für den ersten Schultag her, einen blauen Baumwollrock mit Trägern, natürlich von Oma genäht und bestickt, eine gelbe Bluse, eine Strickweste, weiße Kniestrümpfe und die neuen Schuhe. Der Tafellappen, auch selbst gehäkelt, baumelte aus dem gepackten Ranzen. In der Ecke wartete eine Schultüte auf ihren Einsatz. Viele neue Eindrücke hatte Heidi in dieser Nacht zu verarbeiten.

Dreiviertel sieben, der Wecker klingelte. Mutti stand als Erste auf. Heidi durfte noch liegenbleiben, bis das Frühstück fertig war. Dann kam von ihrem Vater der Satz, der zu Anfang schon beschrieben wurde, vom Wind, der ab jetzt anders wehen sollte. Heidi verstand das zwar nicht, aber nachfragen gab es damals nicht, Diskussionen schon gar nicht.

Auf dem Weg zur Schule ließ Mutti ihre Tochter vorausgehen, um zu prüfen, ob sie ihn noch finden würde. Heidi wusste ihn noch ganz genau. Kurz vor dem Schulgebäude sah sie zwischen den vielen Kindern auch einige mit Schultüte. Natürlich kannte sie keine der Mitschülerinnen, da sie ja nicht in der

Stadt aufgewachsen war und auch keinen Kindergarten besucht hatte. An der Pforte begrüßte Schwester Mathilda die Kinder herzlich und führte sie ins Klassenzimmer. Wieder schlug Heidi ein bekannter Geruch in die Nase: *Sigella* Bohnerwachs. Das Klassenzimmer war mit Zweiertischen und Stühlen ausgestattet. Die Wand hinter dem Lehrerpult wurde von großen Tafeln mit Linien und Karos halb bedeckt. Eine Landkarte von Schwaben, wie sie später erfuhren, hing an einem Ständer. Haken an der Wand waren für die Aufbewahrung eines riesigen Geodreiecks und einem ebenso großen Zirkel angebracht. In der Ecke war ein sehr schön geschnitztes Holzkreuz mit Palmkätzchen angebracht, darunter ein Weihwasserkessel, in einer damaligen Klosterschule Standard. Die emaillierte Waschschüssel auf einem Metallgestell hielt einen Schwamm zum Säubern der Tafel bereit. Weiße und bunte Kreiden warteten auf der Ablage am unteren Tafelrand auf ihren Einsatz. Die Klassenleiterin hatte Tischkarten mit den Namen der Schülerinnen aufgestellt. Mist - lesen müsste man können. Schwester Mathilda rief die Namen auf und zeigte auf die Plätze. Heidi wurde in der zweiten Reihe auf die linke Seite gesetzt, rechts neben ihr eine Manuela, auf den ersten Blick ganz nett. Die Kinder durften nun ihre Utensilien auspacken. Dabei stelle Heidi fest, dass Manuela auch eine gelbe Schwammdose hatte wie sie. Nach einer kurzen Ansprache schickte die Lehrkraft die Eltern für fünfzehn Minuten hinaus und wies die Kinder an, mit dem Griffel Kreise auf die Tafel zu zeichnen. Dabei ging sie von

Tisch zu Tisch, korrigierte manchmal die Fingerhaltung und erklärte, dass es wichtig sei, ein Gefühl für den Umgang mit einem Schreibgerät zu bekommen. Die erste Hausaufgabe bestand darin, bis morgen eine ganze Tafelseite mit Kringeln in der Größe eines D-Markstückes zu füllen. Nach dieser ersten Übung durften die Mädchen ihre Schultüten öffnen. Gespannt packten alle aus. Bei Heidi fanden sich außer Buntstiften von *Faber-Castell* ein Apfel, eine Banane, eine Tafel *Romy* Kokosschokolade und Butterkekse. Fein! Sie entschied sich für die Banane, damals etwas Besonderes. So verlief ihr erster Schulbesuch.

Mit Mutter ging sie danach zum elterlichen Geschäft, das aus Laden und Werkstatt bestand. Einen Aufenthaltsraum gab es nicht. So setzte man sie neben Ludwig, den ihr Vater ausbildete. Hier wurde gegessen sowie Büroarbeit und Hausaufgabe erledigt. Die Kokosschokolade teilte sie mit dem Lehrbuben. Logisch, dass die Schultüte abends leer war.

Nach der Mittagspause sollte die Hausaufgabe erledigt werden. Heidi kramte ihre Schulsachen aus dem Ranzen hervor. Oh, die Schwammdose war auf der Rückseite zerkratzt! Das konnte doch nicht sein, sie hatte sie sorgsam behandelt. Mutter schaute sich das Malheur an und las den eingekratzten Namen ihrer Banknachbarin Manuela. Beim Einpacken waren die Dosen vertauscht worden!

Heidi erzählte ihrem Vati von den Erlebnissen am Vormittag.

„Stell dir vor, wir haben eine Schülerin mit Hundenamen!"

„Wie kommst du denn darauf?"

„Sie heißt wie der Boxer vom Omas Nachbarn."

Allgemeines Gelächter in der Werkstatt. Vati erklärte seiner Tochter, dass Diana in der griechischen Mythologie die Göttin der Jagd ist, und der Hund vielleicht deshalb diesen Namen trug.

Das erste Schuljahr verlief gut für Heidi. Ihre Lehrerin, Schwester Mathilda, war sehr darauf bedacht, den Mädchen Lesen, Schreiben und Rechnen zu vermitteln. Daher fiel oft der Turnunterricht aus, wenn jemand in einem dieser Fächer Schwäche zeigte, vor allem beim Rechnen. Als Ansporn hatte sie eine Krone aus Goldpapier gefertigt. Der Durchmesser konnte mit Verschieben der Aktenklammer reguliert werden. Alle Kinder mussten aufstehen. Beim Kopfrechnen nannte sie Zahlen zum Addieren oder Subtrahieren. Wer beim Abfragen das falsche Ergebnis nannte, musste sich setzen. Die richtige Zahl merken und es ging weiter. Wer als Letzte stand, hatte alles richtig gemacht und wurde zur Rechenkönigin gekrönt. Das Besondere war, dass man die Krone während der Pause im Schulhof tragen durfte, wo sich alle Kinder der Unterstufe versammelten.

Den Handarbeitsunterricht erteilen zwei Lehrerinnen, die Schwestern Bernadette und Loyola, die den Mädchen mit übergroßen Häkel- und Stricknadeln die Grundmaschen beibrachten. Die Ergebnisse konnten sich meistens sehen lassen. Natürlich lernten sie auch Sticken in allen Varianten. So manches davon soll es heute noch geben.

Das dritte Schuljahr hatte Heidi schwer zugesetzt, denn es bestand im Wesentlichen aus der Vorbereitung auf die erste heilige Kommunion. Zum Religionsunterricht zog man einen Missionar aus Afrika hinzu, der einige Wochen als Gast im Kloster weilte. Er wirkte irgendwo auf dem schwarzen Kontinent im Einsatz für den katholischen Glauben. Als Kind konnte man sich Afrika sowieso nicht vorstellen. Heidi wusste nur aus Erzählungen und Büchern von den *big five*, die im Zoo ihr trauriges Leben in Gefangenschaft fristen. Schwarze Menschen kannte sie nur von den amerikanischen GIs. Der Pater erzählte von seiner wichtigen Aufgabe, die armen Heidenkinder zu bekehren und dem richtigen Glauben zuzuführen, damit verbunden auch die Vermittlung von Bildung und eine gute Versorgung in der Krankenstation. Im abgedunkelten Schulzimmer zeigte er Dias, wie es dort aussah. Die Kinder waren meistens dünn, hatten oft aufgeblähte Bäuche, für die Schülerinnen ein unerklärlicher Widerspruch. Sobald sie die Schule besuchten, eine einfache Hütte, bekamen sie eine Uniform verpasst.

Den Kommunionkindern wurde aus tiefster Überzeugung sowohl von den Klosterfrauen als auch vom Missionar klargemacht, dass man den armen Negerkindern (so sagte man damals) helfen und Opfer bringen müsse. Zunächst wurde eine Spardose aufgestellt, die ein schwarzes Kind mit krausem Haar und geöffneten Händen zeigte. Darin war ein Schlitz für das Opfergeld. Bei jeder Münze, die man einwarf, nickte das Kind zum Dank mit dem Kopf. Jede Woche wurde die Kasse geleert und das Ergebnis an die Tafel geschrieben. Allerdings sollte das größte Opfer darin bestehen, sein liebstes Spielzeug zu spenden. Diese Sammlung wollte der Pater an seine Schützlinge in Afrika verteilen. Natürlich wusste Heidi, dass sie ihren Stoffhasen hergeben musste. Er war von *Steiff* und das Fell schon sehr abgegriffen. An manchen Stellen schaute der Stoff durch. Sie grübelte nächtelang und weinte sich in den Schlaf. Er war ihr liebster Gefährte, aber war er zum Schenken schön genug? War Schönheit wichtig? Nein, es musste sein. Sie hoffte nur, dass ein Negerkind ihren Hasen genauso liebhaben würde wie sie selbst.

Leichter hätte sie ihre Puppe Tamara hergegeben. Heidi mochte sie sehr gerne, aber das Häschen noch lieber. Lügen durfte man nicht. Diese Sünde würde man dann beichten müssen. Überhaupt. Die zehn Gebote hatten die Kinder in- und auswendig beigebracht bekommen. Heidi fühlte sich als absolut schlechter Mensch, wenn sie an ihre Sünden dachte. Tante Hermine, zum Beispiel, schenkte ihr manchmal Anisplätzchen, die ihr zuwider waren. Trotzdem bedankte sie sich artig und lobte den feinen Geschmack, was diese sehr freute. Eine schlimme Sünde.

Ihr Vater war streng und dominant. Was er anordnete, war zu tun, ohne Widerrede oder gar Diskussion. Das gab es nicht. Gehorsam folgte die Tochter, aber ihn ehren? Wofür? Liebe konnte er kaum zeigen. Er war für sie Respektsperson.

Das sechste Gebot war auch für große Sünden zuständig. Im Bücherschrank des Wohnzimmers, das die Familie später dazu mieten konnte, als ein Zimmerherr ausgezogen war, befanden sich einige Ausgaben vom *Brockhaus*. Wegen einer Hausaufgabe wollte Heidi einen Begriff nachlesen und stieß dabei auf eine Abbildung der David-Statue von *Michelangelo*, nackt, wie er nun mal ist.

Ihren Vater hatte sie nie ohne Hose gesehen. Also schaute sie sich das Foto im Lexikon genauer an. Oh je, schon wieder eine Sünde. Sie häuften sich, sobald sie nachdachte.

Die Schülerinnen erfuhren von Fegefeuer und Höllenqualen, die ihnen bildhaft in den schaurigsten Schilderungen dargestellt wurden.

Kann man denn jemals in den Himmel kommen? Mit dieser sündigen Kindheit?

Heidi war richtig verzweifelt. Mit dem Besuch der Schülermesse vor dem Unterricht sammelte sie in Gedanken Bonuspunkte für den Himmel, bei der Lehrerin Fleißbildchen. Die einfachen waren aus Papier, die wertvollen aus bunter Folie, die sich wölbte, wenn man sie anhauchte. Daher der Name Hauchbildchen. Den einzig richtigen Beruf für sich sah sie damals in der Mission oder mindestens als Krankenschwester in Afrika. Die Klosterfrauen suggerierten, dass sich nur so die Himmelspforte öffnen würde. Den Nonnen kann man heute nichts vorwerfen. Sie lebten für ihren Glauben und gingen darin auf.

Heidi machte sich Gedanken über ihre schweren Sünden, die sich weiter summierten.

Im Mietshaus war ihre Familie alle vierzehn Tage mit der Kehrwoche dran. Mit dieser Arbeit konnte das Mädchen vielleicht die eine oder andere Sünde wettmachen. Die Holztreppen behandelte sie nach gründlichem Reinigen mit *Sigella* Bohnerwachs, das sie aus der gelben Tube in einen alten, weichen Baumwolllappen drückte und sorgfältig einarbeitete. Danach holte sie zum Polieren der gewachsten Holzböden den schweren Blocker aus Gusseisen, groß und schwer wie ein Ziegelstein, mit Borsten auf der Unterseite. Außen schützte ein Filzbelag die Möbel. Der Besenstiel war über ein Kugelgelenk verbunden, um in jede Ecke zu gelangen. Damit bearbeitete sie Stufe um Stufe und schaffte einen Glanz, der sich sehen lassen konnte. Wenn man heute daran denkt, lebensgefährlich. Das schwere Arbeitsgerät hängte sie nach getaner Arbeit am Stiel auf, damit die Borsten durch das Gewicht keinen Schaden nahmen. Bei der zeitaufwendigen Arbeit war es unumgänglich, dass man jemandem im Haus begegnete. Wie ihr geheißen, grüßte sie laut und deutlich. Im dritten Stock, neben den Hausbesitzern, wohnte ein pensioniertes Lehrerehepaar. Allein schon wegen des Berufsstandes hatte Heidi allergrößten Respekt und grüßte die alte Dame mit Namen, als sie nach oben ging.

Das Mädchen aß gerade mit den Eltern zu Abend, als die Nachbarin klingelte und sich beim Vater beschwerte, Heidi hätte sie nicht beachtet und gegrüßt. Bevor sich das Kind verteidigen konnte, flog es schon durch eine heftige Ohrfeige den Gang entlang und kam kurz vor Tante Hermines Küche zum Liegen.

Die holte das weinende Mädchen sofort zu sich ins Zimmer, machte einen Tee und schob ihr Aniskekse zu. Heidi erklärte ihr unter Tränen, was vorgefallen war, und dass sie wirklich laut und gut verständlich gegrüßt hatte. Ihr Vater glaubte zunächst fremden Menschen, ohne sich sein Kind anzuhören! Tante Hermine beruhigte sie und versprach, dem Papa zu erklären, dass die alte Lehrerin nicht mehr gut hörte.

„Du hast alles richtig gemacht!", beruhigte sie das Mädchen.

Trotzdem war Heidi auf ihren Vater wütend. Schon wieder eine schwere Sünde?

Die Vorbereitung auf die Erstkommunion setzten ihr so sehr zu, dass sie auch körperlich schlecht aussah. Das Kleid hing an ihr wie an einer Vogelscheuche und musste kurz vor dem Weißen Sonntag enger genäht werden. Sie hatte an Gewicht verloren und dunkle Ränder unter den Augen. Sie schlief zu wenig.

Der große Tag war da. Bei der heiligen Messe schritten die Kinder in Zweierreihen zum Altar, um sich die Hostie in den Mund legen zu lassen. Vorsichtig gingen sie zur Kirchenbank zurück und knieten nieder. Ja nicht mit den Zähnen an die Hostie kommen und langsam schlucken, hatte man den Mädchen eingeprägt. Jetzt war der Heiland zu Heidi gekommen! Sie freute sich, endlich ein richtiges Kind Gottes zu sein. Der Auszug aus der Basilika mit brennenden Kerzen wurde von Vater mit der Kamera festgehalten. Auf den Fotos war trotzdem kein glückliches Kommunionkind zu sehen, sondern ein verschüchtertes dünnes Mädchen mit traurigen Augen.

Nach der Messe gingen sie zusammen mit dem Patenonkel, in dessen Haus sie wohnten, seiner Frau und Heidis kleiner Schwester Bärbel in eine gut bürgerliche Gastwirtschaft zum Essen. Das Kommunionkind durfte sich zur Feier des Tages ein Gericht wünschen. Heidi entschied sich für Schweinebraten mit Kartoffelknödel, was leider als letztes Gericht an den Tisch kam, alle anderen hatten schon angefangen zu essen. Ihr Hunger war groß. Zum Frühstück gab es nur Tee, denn nüchtern musste man das Sakrament empfangen. Bis mittags war es lang. Dafür schmeckte es ausgezeichnet. Als Dessert bekam sie ein Eis.

Daheim gab es nachmittags Kaffee und Kuchen. Heidi durfte endlich die Geschenke auspacken.

Von den Großeltern kamen weiße Bettwäsche und Frotteetücher für die Aussteuer, natürlich von *Witt Weiden*. Sonst fanden sich Sammeltassen und zwei Lederetuis mit Nagelnecessaire auf dem Gabentisch. Diese Dinge erfreuten eine Neunjährige nicht wirklich. Wesentlich besser gefielen ihr schon die Bücher von den Eltern. Die größte Freude jedoch machten ihr die Spielkameraden Hubert und Philipp mit ihrem Geschenk. Sie packte einen geflochtenen Weidenkorb aus, der in einem Oval zum Henkel hin auslief. Der Inhalt war von rotem Stoff mit weißen Punkten verdeckt. Man musste durch einen gespannten Gummizug reingreifen. Schade, dass die Schulsachen nicht darin Platz fanden, sonst hätte sie den Ranzen daheim gelassen.

Das war in der dritten Klasse das größte Ereignis in Heidis bisherigen Leben.

In der Vierten war Lernen angesagt. Ihr Übertritts-Zeugnis fiel sehr gut aus. Sie wechselte an eine höhere Schule. Ihre Eltern ließen sie weiterhin von Kloster-frauen erziehen.

„Jetzt beginnt der Ernst des Lebens!", kommen-tierte ihr Vater den ersten Schultag im Gymnasium. Wieder so ein Spruch!

War damit Heidis Kindheit vorbei?

Die Eltern erwarteten von ihrer ältesten Tochter Selbstständigkeit und Verantwortungsbewusstsein wie auch Mithilfe im Haushalt und Geschäft, sobald es möglich war. Sie musste früh „erwachsen" sein.

Ja, ihre Kindheit war damit vorbei! Sie war geprägt von Gehorsam, Respekt, Rücksichtnahme, Anpas-sung und auch Furcht.

Wenn Heidi heute zurückdenkt, ist sie dankbar
... für die Zeit, die ihr die Großeltern schenkten und ihr Werte vermittelten.

..., dass sie liebenswerte Spielkameraden und Freunde kennenlernen durfte.

..., dass sie mit Tieren leben durfte.

..., dass sie in einer Zeit ohne Krieg im eigenen Land aufwachsen konnte.

Das wünsche auch ich allen Kindern dieser Welt.

Jetzt noch wechseln?

Montagmorgen um sechs. Der Radiowecker spielte „Ich heb ab" und riss Marlene aus ihrem unruhigen Schlaf, der sie erst in der letzten Stunde übermannt hatte. Sofort schaltete sie das Gerät ab. Ihr Mann konnte ja noch liegenbleiben, er war bereits im Ruhestand. Schlaftrunken rieb sie sich die Augen, stand leise auf und tastete sich, ohne Licht zu machen, aus dem Schlafzimmer. In der Küche setzte sie die Espressokanne auf das Gaskochfeld und schaute auf den Kalender. Was würde wohl die neue Woche bringen?

Marlene arbeitete in einem Planungsbüro für Statik in München. Sie liebte ihren Beruf, kam mit Kollegen prima aus und ihre Arbeit wurde geschätzt. Nur einer übertrug ihr Aufgaben, die sie an ihre Grenzen brachten, die zeitlich kaum zu bewältigen waren und er suchte ständig nach Fehlern – ihr Chef. Es passierte durchaus, dass er nach einem unangenehmen Telefonat seinen Locher durch das Büro schleuderte, begleitet von einer Schimpftirade, die einen Wortschatz bot, den man besser nicht wiederholen wollte. Der Choleriker war mal wieder Single, mochte sich selber nicht leiden und ging mit seinen Mitarbeitern unfair und machtbesessen um. Die meisten ließen sich das gefallen, murrten nur untereinander, blieben aber im Unternehmen. Auftragslage und Bezahlung waren in Ordnung und das Klima im Team passte ebenso. Jeder freute sich, wenn der Chef auf eine Baustelle musste. War er jedoch im Haus, stand alles unter Hochspannung.

Marlene war die älteste Mitarbeiterin der Firma, brachte viel Berufserfahrung mit und konnte prima mit Kunden umgehen. Sie war zur Perfektionistin erzogen worden. Die ständige Anspannung und das Gefühl, hoffentlich ihre Arbeit richtig gemacht zu haben, trieben sie schließlich in eine Depression, die sie lange nicht wahrhaben wollte. Vor der Fahrt nach München musste sie sich oft übergeben und bekam schon beim Betreten des Bürohauses Herzklopfen.

Was würde sie wohl erwarten?

Schon das Öffnen des E-Mail-Postfaches ließ ihren Puls hochschnellen, wenn Anweisungen des Chefs zu lesen waren oder sie unverzüglich zur persönlichen Rücksprache anzutreten hatte.

Diese angespannte Stimmung übertrug sich natürlich auch auf ihr Privatleben. Nach einem Arbeitstag und der nervigen Heimfahrt war sie platt und zu nicht mehr viel fähig. Sie traf sich kaum noch mit Freundinnen, vernachlässigte ihre Hobbys, und ihr Mann bekam manch schroffe Antwort, obwohl sie das nicht beabsichtigte.

Was konnte er für den Stress bei der Arbeit?

Den Schritt zum Hausarzt hatte Marlene lange hinausgezögert. Erst auf dringendes Anraten einer guten Freundin entschloss sie sich dazu. Er überwies sie an eine Fachärztin, die sie mit Gesprächen und Psychopharmaka behandelte. Ihr wurde immer mehr klar, dass sie selbst handeln musste, um aus dem Teufelskreis auszubrechen, der sie in die Tiefe zog.

Marlene stellte einen Antrag auf Altersteilzeit beim Personalchef, der auf ihrer Seite stand, und nach einigen Monaten Diskussion willigte der Chef schließlich ein.

Sie fuhr nur noch an drei Wochentagen die 85 km nach München. Die gewonnene freie Zeit tat ihr gut.

Die Espressokanne meldete blubbernd, der Kaffee sei fertig und riss Marlene aus ihren Gedanken. Sie packte ihr Mittagessen ein und beruhigte sich:

„Noch ein Jahr, dann höre ich auf zu arbeiten!"

Just an diesem Abend klingelte das Telefon. Ihr ehemaliger Kollege Martin war am Apparat. Er hatte vor zwei Jahren gekündigt und bei seinem Freund angefangen, dessen Vater ein Fertigbauunternehmen leitete. Dort machte ihm die Arbeit Spaß.

Zunächst erkundigte sich Martin, wie es ihr ginge, und platzte dann mit der Nachricht heraus, ob sie sich vorstellen könnte, den Arbeitgeber zu wechseln. Spontan antwortete sie mit *Ja*. Er erzählte ihr, dass der Seniorchef aus Altersgründen die Firma an seinen Sohn übergeben wollte.

„Wir suchen nach neuen Mitarbeitern. Ich dachte sofort an dich. Was meinst du dazu?", fragte er.

Marlene gab zu bedenken, dass sie ja in einem Jahr in Rente gehen wollte, aber durchaus für ein Gespräch bereit wäre. Er dürfe gerne ihre Telefonnummer weitergeben. Nachdem sie aufgelegt hatte, drehten sich ihre Gedanken im Kopf wie wild. Einerseits fühlte sie sich geschmeichelt, dass sie noch gefragt wurde, andererseits jetzt noch wechseln, so kurz vor dem Countdown?

Noch in derselben Woche wurde sie vom Junior-chef eingeladen. Martin hatte keineswegs übertrieben. Herr Scheiderer war etwa Mitte vierzig, gutaussehend, gebildet, höflich und hatte eine positive Ausstrahlung. In dem zweistündigen Gespräch lernten sich näher kennen und stellten fest, dass es für beide passen könnte. Er erzählte ihr die Firmenhistorie, seine neuen Projekte und erklärte ihr den Einsatzbereich, für den er sie haben wollte. Und er wollte sie haben! Marlene legte ebenfalls die Karten mit ihren Wünschen auf den Tisch. Er ging ohne Abstriche darauf ein und wollte in den nächsten Tagen den Arbeitsvertrag ausarbeiten lassen. Marlene sollte sobald wie möglich bei ihm anfangen. Ein Großprojekt stand an.

Sie verließ das Büro wie auf Wolken. So eine Chance zu bekommen, in diesem Alter und wenn auch nur für ein Jahr, was wollte sie mehr? Dieses Glück musste sie in die Hand nehmen und festhalten. Es fühlte sich gut an.

Daheim schrieb sie gleich die Kündigung und fuhr am nächsten Tag mit gemischten Gefühlen nach München. Am Spätnachmittag bekam sie beim Personalchef einen Termin.

„Was, Sie wollen jetzt noch wechseln? Sie sind doch schon in Altersteilzeit. Dafür hab ich mich eingesetzt. Das eine Jahr könnten Sie noch aushalten! Wollen Sie sich jetzt einen Neuanfang antun?"

„Nein, ich werde das nicht mehr aushalten und will es nochmal wissen. Ich bleibe bei meiner Kündigung und beende meine Arbeit ordentlich, das dürfen Sie von mir erwarten. Ich werde auch nicht krankmachen und erst zum Monatsende die fünf Tage Resturlaub nehmen."

Marlene wollte die Kündigung nicht an die große Glocke hängen und kehrte erleichtert an ihren Schreibtisch zurück. Nach wenigen Minuten hörte man Türen knallen und dann den Maserati des Chefs mit heulendem Motor vom Hof fahren. Quietschende Reifen hinterließen Gummiabrieb und Gestank. Nach diesem Auftritt war es nicht zu vermeiden, dass die Kollegen den Grund des Wutausbruchs mitbekommen hatten. Wie mit Brandbeschleuniger loderte das Lauffeuer durch die Firma. Auf dem Parkplatz wurde sie nach Dienstschluss mit Fragen bombardiert:

„Wie kannst du dir das noch antun?"

„Das hättest du noch ein Jahr aushalten können."

„Wer weiß, ob du das schaffst in einer neuen Position? In deinem Alter?"

Das und Ähnliches musste sie sich anhören. Manche zeigten Verständnis für ihre Kündigung, litten genauso unter dem Chef, waren aber nicht konsequent genug, zu handeln. Einige respektierten ihre Entscheidung und lobten ihren mutigen Schritt.

Die letzten Tage arbeitete sie ruhig und konzentriert die Aufgaben im laufenden Bauprojekt ab. Ihr Chef war zutiefst beleidigt, grüßte nur noch missmutig, ließ sie aber sonst in Ruhe. Auf der abendlichen Heimfahrt am letzten Arbeitstag machte

sich Erleichterung breit. Marlene schob ihre Lieb-
lings-CD ein und sang die Lieder laut mit. Das hatte
sie schon lange nicht mehr getan. In Gedanken zog
sie einen dicken Strich unter diesen Lebensabschnitt.
Übernächste Woche sollte ein anderer beginnen.

Das neue Team nahm sie herzlich auf. Ein duf-
tender, bunter Blumenstrauß auf ihrem Schreibtisch
hieß sie am ersten Tag willkommen. Ihr Arbeitsplatz
war schnell eingeräumt, der PC hochgefahren und
die erste Projektbesprechung stand an. Sie war ge-
spannt. Hier würde es gut werden.

Nach dem ersten Monat zog Marlene Resümee:
Sie hatte Lebenszeit gewonnen, sie fuhr nur noch
siebzehn Kilometer zum Büro.
Chef und Kollegen behandelten sie freundlich
und respektvoll, das Klima war perfekt, es gab keine
Zicke und keinen Choleriker im Unternehmen.
Die ihr übertragenen Aufgaben waren interessant,
forderten sie und ihre Erfahrung war gefragt.
Zunehmend fühlte sie sich wohler und durfte die
Dosierung der Psychopharmaka reduzieren und lang-
sam ausschleichen lassen.
Ihre sozialen Kontakte pflegte sie wieder intensi-
ver, lernte Menschen kennen, die es wert waren, sich
mit ihnen auszutauschen. Neue Hobbys probierte sie
aus und kam endlich dazu, die Bücher zu lesen, die
schon lange darauf warteten. Ihr Leben war wieder
spannend geworden. Sie hatte es selbst in die Hand
genommen und war einfach glücklich.

Der Außenseiter

Sie erinnern sich an Herrn Künzelmann? Rudolf Künzelmann? Mit der Kühlschrank-Beratung? Gut!

Er war noch am Anfang seiner Ausbildung zum Fachverkäufer in einem Elektromarkt, lernte fleißig, nahm an jeder angebotenen Weiterbildung teil und bediente die Kunden mit einem Eifer, der sich natürlich auch im Umsatz zeigte. Manchmal schaffte er es sogar zum Verkäufer des Monats. Neben den Werbeangeboten zierte dann sein Porträt mit Namen unübersehbar die Wand im Eingangsbereich des Fachgeschäftes. Von den Kollegen wurde er als Streber bezeichnet und oft genug gehänselt wegen seiner altmodischen Erscheinung. Er trug sein Haar mit tadellosem Fassonschnitt stets frisch frisiert und exakt gescheitelt. Nicht zu vergessen: Immer saubere Fingernägel, blitzblanke Lederschuhe und – seine Jeans wiesen messerscharfe Bügelfalten auf. Heute wurde er mal wieder als bester Verkäufer ausgezeichnet. Das war natürlich den Kollegen ein Dorn im Auge, und so beschlossen sie, ihn so richtig auflaufen zu lassen, aber wie?

„Da fällt mir schon etwas ein, ihr werdet sehen", tönte Ansgar in der Zigarettenpause vor dem Laden großspurig. Dort waren sie sicher vor den Ohren von Rudolf, dem bekennenden Nichtraucher.

„Und was bitte schön?"

Oliver sah den Wortführer des Teams auffordernd an sowie die anderen Jungs, Kevin, Malte und Ronny.

„Ich frage meine Tante, die ist megacool und für

jeden Schmarrn zu haben. Die spielt bestimmt mit!"

„Und an was denkst du da genau?", wollte Kevin wissen.

„Lasst mich nur machen", verkündete Ansgar vielversprechend und bohrte seine Kippe in den Sand der Aschentonne, die aussah wie ein Igel mit braunen Stacheln aus Zigarettenfiltern.

Ansgar behielt Recht, Tante Luise war sofort Feuer und Flamme. Natürlich erfuhren die Kollegen nicht, was geplant war.

Ein ruhiger Dienstagvormittag. Wenige Kunden stöberten durch das Fachgeschäft. Eine elegant gekleidete Dame in den Endfünfzigern mit flotter Kurzhaarfrisur und leicht übertriebenem Make-up steuerte schnellen Schrittes die Info an, wie immer von der jungen Azubiene Chantal besetzt. Sie erinnern sich an sie aus der Geschichte mit dem Kühlschrank? Die pinkfarbenen Strähnchen im Pony waren neu, schwarzglänzende Gelnägelkrallen mit applizierten Gruselmotiven ebenfalls, und am linken Ohrläppchen baumelte ein silberner Totenkopf mit Augen aus rotleuchtenden Steinchen. Darüber war die Gehörmuschel mit einer Ringansammlung perforiert. Neu war auch ein Augenbrauen-Piercing. Die schwarz umrahmten Augen trugen zur gruseligen Gesamterscheinung bei. Ansgars Tante betrachtete eingehend die Metallteile und nickte der jungen Frau anerkennend zu. Sie trug selbst ein Intim-Piercing mit Brillis, ein kostspieliges Geburtstagsgeschenk eines verflossenen Lovers.

„Guten Morgen. Ich will zu Herrn Künzelmann. Bitte rufen Sie ihn aus", sprach sie das junge Ding an.

„Moooment. Ich schreibe erst noch meine Nachricht fertig", kam zur Antwort, und sie tippte mit beiden Daumen flink auf die Tastatur ihres Smartphones. Bevor die Kundin etwas sagen konnte, drückte sie dann, mit Rücksicht auf die Fingernägel, die Taste am Mikrofon und flötete hinein, so gut es mit dem Zungenpiercing ging:

„Herr Künzelmann zur Info, Herr Künzelmann bitte!"

Geschlagene zehn Minuten dauerte es, bis dieser mit Schweißperlen auf der Stirn angerannt kam.

„Entschuldigen Sie bitte, gnädige Frau, dass Sie warten mussten. Ich hatte gerade einer Kundin die Einkäufe ins Auto transportiert. Nun bin ich ganz für Sie da. Womit darf ich Ihnen behilflich sein?"

Er wischte sich mit einem grün umhäkelten Stofftaschentuch die Stirn ab.

„Noch eine Frage: Warum kommen Sie ausgerechnet zu mir? Ich hab Sie noch nie bedient."

„Meine Nachbarin hat Sie wärmstens empfohlen und von Ihrer Kompetenz beim Aussuchen eines Kühlschranks geschwärmt."

„Das freut mich sehr! Ja, ich erinnere mich an die Dame genau. Es war vor wenigen Wochen im August. Sie hat nach ausführlicher Beratung bei mir gekauft. Und was führt Sie nun zu mir?"

„Nun, junger Mann, ich ziehe um und lasse meinen Schreiner unter anderem die neue Küche anfertigen. Ich habe eine Wohnung gekauft und will dort bis zu meinem Lebensende bleiben, ich hoffe, noch sehr lange, hahaha. Das Vermögen meines längst verstorbenen Ehemannes und das meines ebenfalls erst vor kurzem verblichenen Lebensgefährten ermöglichen mir das, und nicht nur die Wohnung. Natürlich werde ich noch viele Kreuzfahrten unternehmen, leider ohne meinen großzügigen Partner. Reisen war unsere gemeinsame Leidenschaft, und nicht nur diese, Sie wissen, was ich meine?"

Sie sah Herrn Künzelmann mit einem Augenzwinkern an und lachte frivol, als diesem die Röte ins Gesicht stieg.

„Die Küche soll mit allen Raffinessen ausgestattet werden, die es heute so gibt. Ich kann zwar nicht kochen, meine Zugehfrau dafür umso besser. Deshalb sollen ihr alle Annehmlichkeiten zur Verfügung stehen, der Guten. Geld sollte keine Rolle spielen. Die Möbelplanung steht soweit. Jetzt will der Schreiner wissen, welche Geräte er für den Einbau vorsehen soll. Deswegen bin ich hier und muss mich schnell für eine Auswahl entscheiden. Ein wenig hab ich mich schon informiert, aber der Fachmann sind Sie, Herr Künzelmann, wie man mir versicherte." Wieder errötete dieser geschmeichelt.

„Womit wollen wir beginnen, gnädige Frau?"

„Sie können mich gerne mit Freifrau Richter vom Fuchsloch zu Erbenthal ansprechen, wenn Sie möchten. Frau Richter reicht aber auch. Nehmen Sie einen großen Block mit, damit wir die Geräteauswahl notieren können. Ich will alles neu."

Das könnte ein feiner Großauftrag werden!

Haushaltsgeräte verkaufte er am liebsten, seine Kollegen dagegen bevorzugten Handys, Tablets, Navis und alles aus der Unterhaltungselektronik.

„Wie Sie wünschen, Frau — eh, Richter. Darf ich Ihnen zunächst die Einbaukühlschränke zeigen?"

„Nein. Ich habe Platz für eine ..." Sie holte ihren Spickzettel hervor und las vor: „... *Side-by-Side* Kühl-Gefrier-Kombination, Sie wissen schon, die aus Amerika. Hab ich auf unzähligen Reisen entdeckt. Die Eiswürfelmaschine für meine Drinks und Cocktails will ich nicht mehr missen. So ein kleines Kühldingens wie meine Nachbarin hat, reicht für meine Verhältnisse nicht aus. Die neuen Features hat sie mir natürlich gezeigt. *NoFrost*, *bottleRack*, *BigBox*, *hyperFresh 0°C plus*, *superFreezing*, *superCooling* und LED kenne ich bereits. Ich brauche aber unbedingt Kameras eingebaut, damit meine Zugehfrau über die *Home Connect App* ihre Einkäufe tätigen kann. Und das Gerät nicht in Edelstahl, wegen der Putzerei, nein. Die Türen in Schwarzglas. Was glauben Sie, wie grandios das zu weißen Hochglanzfronten aussieht!"

„Kommen Sie mit, gnädige Frau, dort steht das Gerät, das Sie sich vorstellen!"

„Genau. Was kann es sonst noch?"

„Der *airfreshFilter* mit *antiBakteria* sorgt für frische Luft. Die *safetyGlasplatten* sind auf Teleskopschienen mit Vollauszug ausgestattet. Wichtig war Ihnen ja das *remoteMonitoring* über *homeConnect* mit den Kameras. *Hat dieses* Gerät der Spitzenklasse natürlich. Was für Sie als reisefreudige Dame von Welt wichtig sein dürfte, ist der *holydayMode*.

Er sorgt während Ihrer Abwesenheit für energiesparende Kühlung."

„Prima, Herr Künzelmann, dann notieren Sie mal die Type und den Preis. Lassen Sie uns nun nach einem Geschirrspüler sehen. Was empfehlen Sie mir? Da soll es Geräte mit Cellulite-Trocknung geben?"

„*Zeolith* meinen Sie bestimmt. Das Spitzenmodell verfügt natürlich darüber, außerdem bekommen Sie *speedMatic, brilliantShineSystem* und *homeConnect*. Die Innenraumbeleuchtung können Sie sogar farblich mit *emotionLight Pro* einstellen, je nach Stimmung. Wichtig ist natürlich auch bei einem vollintegrierten Gerät die Anzeige der Restlaufzeit des Spülvorgangs. Mit dem *timeLight* beamt das Gerät die Restlaufzeit auf den Fußboden. Was sagen Sie dazu? Nicht zu vergessen: leiser *iQdrive-Motor* und *openAssist* oder *push-to-open* ..."

„Genug, genug, diese Fachbegriffe brauchen Sie mir nicht zu erläutern. Es genügt schon, wie gut sie sich schon anhören! Notieren Sie Gerät und Preis. Weiter zu den Kochplatten. Meine „Perle" will eine große autonome Vollflächeninclusion. Haben Sie?"

„Folgen Sie mir. Wir haben eigens ein autarkes Induktionskochfeld angeschlossen und können dessen Funktionen vorführen."

Herr Künzelmann klärte die Kundin auf über *dual lightSlider, varioInduktion, powerMove Plus, Bratsensor* und wollte Wasser zum Kochen bringen, um die schnelle Reaktion zu demonstrieren, da sagte sie:

„Das reicht! Aufschreiben und weiter geht's. Das dauert mir sonst zu lange. Dunstabzug ist das Nächste, aber einen Guten. Nicht dass Sie mir mit einem Zwischenbau- oder Unterbaulüfter daherkommen. Ich will so eine schräge Glashaube an die Wand, damit sich meine Perle nicht immer den Kopf anstößt. Und leise muss der Lüfter sein. Und schwarz wie der Kühlschrank."

„Da kann ich Ihnen diesen Dunstabzug empfehlen. Schauen Sie sich das herausragende Design an! Die Technik natürlich vom Feinsten: *homeConnect*, *cookConnect*, *emotionLight Pro*, *touchSlider*, *Luftgütesensor* und leisem *iQdrive-Motor*. Gerne erkläre ich Ihnen die einzelnen Features."

„Nicht nötig, hört sich alles interessant an, nehme ich! Notieren! Da sehe ich ja noch etwas Feines. Das kenn ich von meinem Asia-Restaurant. Brauche ich."

„Gute Wahl, Frau eh, Frau Richter. *Teppanyaki* zum direkt darauf Brutzeln. Dazu könnten Sie noch einen Lavagrill, einen Wok-Gasbrenner und einen *Salamander* kombinieren. Dann hätten Sie alles, was es zum Kochen gibt. Platz ist ja genug in der neuen Küche mit 40 qm."

„Nun, junger Mann, jetzt übertreiben Sie mal nicht! Und so ein Lurch kommt mir nicht ins Haus. *Salamander* kenn ich aus dem Schuhladen. Aber so ein *Wokbrenner* könnte mir schon zusagen. Schreiben Sie auf, zur *Vollflächeninclusion* das *Teppan* und den *Wok*. Haben Sie? Was hätte ich eigentlich mit diesem Salamander machen sollen?"

„Nun, der dient zum Gratinieren und Warmhalten. Dazu hab ich einen anderen Vorschlag, darauf kommen wir noch. Wie gut, dass ich einen großen

Block mitgenommen habe. Welche Wünsche haben Sie denn beim Backofen?"

„Dampfbackofen, Herr Künzelmann, Dampfbackofen. Natürlich mit dieser App, Sie wissen schon!"

„Etwas anderes würde ich Ihnen niemals anbieten wollen. Sie sind ja so technikaffin. Ich bin begeistert. Dann zeige ich Ihnen mal das Spitzenmodell. *TFT touchDisplay Plus, ecoClean Plus, Bratenthermometer*, und auch Rezepte über eine *App*."

„Kann er auch dieses ewig lange Garen in der Plastiktüte?"

„*Sous-vide* meinen Sie. Ja klar, diese Funktion gibt es auch. Und natürlich in schwarzem Frontdesign. Sonst noch Wünsche?"

„Der Ofen gefällt mir. Aufschreiben! Für meine Empfänge mit vielen Gästen wünscht sich meine Haushälterin eine Wärmeschublade."

„Da würde ich Ihnen zu der hohen Ausführung mit viel Platz raten. Was halten Sie denn von einem Einbaukaffeevollautomaten in der Nische darüber? Das gäbe ein elegantes Frontbild in der Küchenzeile."

„Gute Idee. Dann steht ein Gerät weniger auf der Arbeitsfläche. Prima, Herr Künzelmann. Bin ich froh, dass Sie mich so gut beraten. Und was Sie alles wissen! In ihrem Alter! Respekt."

„Danke, gnädige Frau. Vielen Dank. So ein Lob tut gut. Haben wir dann alles? Kühlschrank, Geschirrspüler, Kochfelder, Dunstesse, Backöfen, Wärmeschublade, Kaffeeautomat, ..."

Die Eurozeichen in Herrn Künzelmanns Augen vergrößerten sich von Gerät zu Gerät.

„Jetzt fällt mir schon noch etwas ein. Ins Wohnzimmer hätte ich gerne einen Weinschrank. Jedes Mal vom Penthouse in den Keller rennen, auch wenn das meine Haushälterin machen müsste, kommt nicht in Frage. Oft bekomme ich spontan Gäste. Denen will ich etwas Außergewöhnliches bieten."

„Da haben wir ein Spitzenmodell von einem bekannt guten Hersteller. Sehen Sie hier, dieser *Weintemperierschrank* ist ein Standgerät. Wie lagern Sie Ihre teuren Tropfen, die noch Zeit zum Reifen brauchen? Stellen Sie doch einen *Weinklimaschrank* dazu für Grand Cru oder ähnliche Spitzenweine. Damit haben Sie die beste Wahl getroffen. Ihre Gäste werden begeistert sein."

„Für einen guten Tropfen sollte mir nichts zu teuer sein. Notieren Sie beides. Haben Sie noch ein Ass im Ärmel? So wie ich Sie kennengelernt habe, wüssten Sie noch etwas Besonderes? Hab ich Sie durchschaut, so verschmitzt, wie Sie lächeln?"

Der Berater spielte seinen letzten Trumpf aus.

„Was noch fehlen könnte, ist ein *Humidor*!"

„Ein was? Humus brauch ich doch nicht in der Wohnung kompostieren. Machen Sie mal keine Witze, junger Mann. Und nehmen Sie mich nicht auf den Arm! Dafür bin ich zu schwer, hahaha."

„Das fällt mir nicht im Traum ein, gnädige Frau. Ein *Humidor* ist das Feinste, was Sie einem Zigarrenliebhaber anbieten können. Bestens angepasst an Luftfeuchtigkeit und Umgebungstemperatur lagern die wertvollen Zigarren perfekt. Ein Kenner weiß das zu schätzen. Soll ich das Gerät mit aufschreiben?"

„Tun Sie das und addieren Sie mal."

Aufgeregt tippte Herr Künzelmann die Posten in den Taschenrechner und bekam jedes Mal eine andere Summe heraus. Seine Wangen glühten, die Ohren auch. Schweißperlen glänzten auf seiner Stirn und unter der Nase. Ein erneuter Versuch der Addition sollte nun stimmen. Er legte Frau Richter zögernd das Blatt vor. Diese zuckte nicht mal, sondern sagte:

„Da ist ja Einiges zusammengekommen. Nun gehen Sie zu Ihrem Chef und fragen ihn, welchen Rabatt er mir auf diese Summe gibt. Den Listenpreis zahlt doch heutzutage sowieso keiner mehr. Nun gehen Sie schon! Hab nicht den ganzen Tag Zeit."

Ganz verdattert von der utopischen Summe und der plötzlich so schroffen Art der Kundin machte er sich auf den Weg ins Büro des Filialleiters.

Dieser Auftrag durfte ihm nicht durch die Lappen gehen.

Er klopfte und wurde hereingebeten. Sein Chef besah sich den Zettel, tippte auf seinem Rechner die Positionen durch und sagte anerkennend:

„Nun, Herr Künzelmann, Sie können zwanzig Prozent Nachlass geben, wenn es sein muss, noch zwei Prozent Skonto, wenn die Dame gleich die Hälfte anbezahlt. Ich zeichne Ihnen das ab. Glückwunsch zu dieser Leistung. Weiter so!"

Strahlend verließ Herr Künzelmann das Chefbüro und steuerte auf seine Kundin zu, die aber bereits am Ausgang stand. Kein gutes Zeichen! Frau Richter riss ihm das Papier aus der Hand, schaute auf den Endpreis. Sie war wie verwandelt.

„Sie werden doch nicht glauben, dass ich das sofort entscheide! Da muss ich schon einige Nächte darüber schlafen. Ich bin schließlich eine Augsburgerin, und die sind für ihre sprichwörtliche Spontaneität bekannt. Hahaha! Ich werde natürlich noch weitere Angebote einholen. Danke vorerst für Ihre Beratung, Herr Künzelmann. Noch einen schönen Tag!"

Weg war sie und ließ den verdutzten Verkäufer mit offenem Mund stehen. Rudolf wusste nicht, wie ihm geschah. Ihm fiel nichts mehr ein. Wie ein begossener Pudel stand er an der Eingangstür und sah dem schwarzen SUV nach, der mit Freifrau Richter vom Fuchsloch zu Erbenthal mit Karacho vom Parkplatz röhrte.

„War wohl nichts mit dem Großauftrag, Herr Kollege", kommentierte Ansgar, der wie zufällig, mit den anderen seine Zigarettenpause vor dem Laden verbrachte. Natürlich hatten alle die Beratung genauestens beobachtet. Unter großem Gelächter des ganzen Teams verschwand Rudolf Künzelmann zunächst auf der Toilette. Niemand sollte seine Tränen der Wut und Enttäuschung sehen. Der Tag war gelaufen. Er meldete sich freiwillig beim Lageristen, um neu eingetroffene Ware zu verstauen.

In den nächsten Tagen kam auch Frau Richter nicht wieder, obwohl er darauf gehofft hatte. Er ließ sich jedoch nicht entmutigen und bediente weiter seine Kundschaft mit Eifer.

Eine Woche später, genau wieder am Dienstag war es, als ein Paar nach ihm fragte.

Zuvorkommend begrüßte er die gut gekleideten Herrschaften mittleren Alters und fragte nach deren Wünschen.

„Herr Künzelmann, Sie wurden uns empfohlen als guter Berater. Wir bauen gerade ein Haus, den Plan haben wir dabei. Der Architekt verlangt schnellstens einen Installationsplan und hat uns losgeschickt, die Geräte auszusuchen. Wir kaufen alle Küchengeräte neu, also Kühlschrank, Ofen, Geschirrspüler, Sie wissen schon.“

Das kam Rudolf Künzelmann spanisch vor, sehr spanisch. Er zögerte. Misstrauen machte sich bei ihm breit. Er hatte wirklich keine Lust, das Gleiche wie letzte Woche nochmal zu erleben.

Nein, diese Kunden würde er nicht bedienen!

Er hatte so eine Vermutung, wer dahinterstecken könnte und benutzte folgende Ausrede:

„Das tut mir aber leid, dass Sie gerade jetzt zu mir kommen. Ich habe gleich einen Termin außer Haus und mache bei einer Kundin die Geräteeinweisung. Das wird etwas dauern. Wenden Sie sich doch vertrauensvoll an meinen Kollegen. Chantal, ruf bitte Ansgar aus!“, bat er Chantal an der Info und verschwand.

Am nächsten Tag hatte er gleich in der Früh beim Chef anzutreten. Er ahnte Schlimmes. Bestimmt, weil er das Paar nicht bedient hatte. So war es auch. Mit feuchten Händen und glühenden Wangen betrat er das Chefbüro und stand vor seinem Filialleiter, der sofort in scharfem Ton loslegte:

„Wie können Sie es wagen, Kunden nicht zu bedienen, die eigens zu Ihnen kommen, sie mit einer fadenscheinigen Ausrede stehen zu lassen und einfach zu verschwinden? Nun, ich höre?"

„Ich, ... ich, ... ich wollte nicht nochmal das Gleiche erleben wie mit der Freifrau, die dann nicht gekauft hat. Ich ..."

„Keine Ahnung, wen Sie gestern vor sich hatten, nein? Das waren *Mistery-Shopper*, von der Konzern-Zentrale geschickt. Die Testkäufer gaben Ihnen die schlechteste Beurteilung, die ich je in meiner Filiale erleben musste. Pfui, kann ich da nur sagen, pfui. Sie können mit einer Abmahnung rechnen, Herr Künzelmann! Schämen sollten Sie sich, schämen! Gerade von Ihnen hätte ich das nicht erwartet. Sie werden kaum glauben, dass Ihr Kollege Ansgar sogar Note drei plus bekommen. Und jetzt gehen Sie. So schnell brauchen Sie mir nicht mehr unter die Augen zu treten. Nehmen Sie heute und morgen frei."

Rudolf Künzelmann fehlten die Worte. Mit hängendem Kopf verließ er das Büro und ging zu seinem Spind. Der Rest der Mannschaft war gerade dabei, sich in Firmenpolos zu kleiden, und blickte auf den Kollegen, der noch blasser als sonst in seine beige Übergangsjacke schlüpfte und wie in Trance die Umkleide verließ, ohne die blöden Bemerkungen der Kollegen wahrzunehmen.

Er stieg in den Omnibus und fuhr zu seiner Oma. Ja, Oma Hilde war immer für ihn da. Man muss wissen, Rudolfs Mutter war alleinerziehend. Ihr Mann war dem Alkohol verfallen, gewalttätig und von einem Tag auf den anderen auf Nimmerwiedersehen vor vielen Jahren verschwunden, nicht ohne einen Schuldenberg zu hinterlassen. Seine Mutter war damals sogar ein wenig erleichtert, wenngleich sie sich und ihren Sohn mit mehreren Putz- und Teilzeitjobs versuchte aus dem Sumpf zu ziehen. Es gelang ihr ganz gut, und Rudi durfte sogar die mittlere Reife abschließen. Darauf war sie stolz und froh, dass ihr Bub rechtschaffen war. Rudolf wollte ihr auch beweisen, dass er einen guten Abschluss seiner Lehre hinbekommen würde, und hatte ihr versprochen, fleißig zu lernen und zu arbeiten – und jetzt das! Zunächst konnte er sich nur bei Oma aussprechen und um Rat fragen. Er schämte sich außerordentlich. Verdutzt bat die Großmutter ihren Enkel herein.

„Ja Rudi, was machst du denn hier? Um diese Zeit solltest du doch in der Arbeit sein."

„Ja, das sollte ich. Ich erzähl dir gleich alles!"

Während Oma Kakao machte und den Rosinenzopf aufschnitt, hörte sie sich an, was ihrem Enkel auf dem Herzen lag,. Sie saßen in der winzigen Küche, wo er schon als kleiner Bub den Hefezopf genossen hatte, mit Margarine bestrichen und Holundermarmelade. Seine Großmutter war als Kriegerwitwe selbst immer knapp bei Kasse, aber für ihren Hefezopf reichte es immer, und er war weltbester.

„Und was hast du jetzt vor, mein Junge?"

„Omi, das weiß ich noch nicht. Aber eins ist sicher, in diesem Laden arbeite ich nicht mehr. Das

Gehänsel der Kollegen halt ich nicht mehr aus. Es belastet mich mehr, als ich mir eingestehen will. Ich bin nicht so cool mit Sneakers und Markenklamotten und will es auch nicht sein. Höflichkeit, Respekt und freundliches Miteinander sind mir wichtig, den anderen nicht. Und jetzt auch noch die Abmahnung! Weiß gar nicht, wie ich es Mama beibringen soll. Sie hat so viel für mich getan. Ich will sie doch nicht enttäuschen und trau mich gar nicht heim!"

„Dann bleib heute Nacht bei mir. Musst halt auf dem Sofa schlafen, auch wenn es für dich etwas kurz ist. Abends rufen wir deine Mutter an und morgen früh sehen wir weiter, in Ordnung?"

Dankbar nahm Rudi das Angebot an.

Mittwochmorgen. Rudolf Künzelmann schreckte aus wirren Träumen pünktlich um sechs Uhr dreißig auf wie jeden Tag, heute jedoch ohne Wecker. Seine Gedanken im Kopf fuhren Sturzbomber. Er stellte beide Beine auf den Boden und die Drehung hörte auf. Oma war schon angezogen und richtete das Frühstück.

„Na Bub, konntest du schlafen?"

„Ja, teilweise schon, bin aber immer wieder aufgeschreckt. Ich geh mal ins Badezimmer, ja?"

„Kaffee oder Tee? Und zur Feier des Tages gebe ich ein Ei aus. Wie magst du es am liebsten?"

„Vier Minuten — und Tee, bitte."

Nach dem Frühstück erklärte Rudi seiner Oma, was er vorhatte. Er würde heute zum Jobcenter gehen.

Mit der Straßenbahn fuhr er in die Stadt und meldete sich am verglasten Empfangsschalter der Behörde. Er wurde in eines der oberen Stockwerke verwiesen, wo er sich bei der Info melden sollte. Dort bekam er einige Zettel zum Ausfüllen. Was die alles wissen wollten!

Korrekt und bestens leserlich reichte er die Formulare der Dame, die ihn darauf hinwies, eine Nummer zu ziehen und genau auf die Durchsagen zu achten. Man würde ihn aufrufen.

Er zog die Nummer 44. Schon mal nicht schlecht, dachte Rudolf, denn vier war seine Glückszahl. Im Wartebereich suchte er sich einen Sitzplatz, von dem er in den Bürotrakt blicken konnte und besah sich die Menschen. Obwohl er früh dran war, tummelten sich bereits etwa dreißig Personen aller Altersklassen und verschiedenster Herkunft um ihn herum. Die meisten telefonierten oder tippten und wischten auf Handys herum, einige lasen die Tageszeitung, andere unterhielten sich. Kinder spielten Fangen zwischen den Sitzreihen. Rudolf saß gefühlte zwei Stunden auf dem unbequemen Besucherstuhl. Bei jedem Gong, der durch die Etage hallte, spitzte Rudi seine Ohren, um die Nummer zu verstehen. Gerade wurde 43 aufgerufen. Ein gut gekleideter Herr mit abgegriffener Lederaktentasche stand auf und verschwand in dem Zimmer, dessen Außenleuchte blinkte. Rudis Nervosität stieg mit jeder Minute.

„Vierundvierzig in Zimmer 388", schallte es aus den Lautsprechern. Rudi schoss in die Höhe und ging den Gang entlang. Er klopfte zaghaft an die Tür, dann nochmal etwas forscher und wurde hereingebeten. Er sah sich im Büro um. Die Einrichtung bestand aus Einbauschrank, Schreibtisch, Besucherstühlen, Regalen mit zahllosen Ordnern und Hängeregistern, einem Garderobenständer, diversen Zimmerpflanzen und einer Messinggießkanne auf dem Fensterbrett. Alles ziemlich nüchtern und trostlos.

„Kann man hier mit Freude arbeiten?", dachte er.

Den Berater fand er jedoch sofort sympathisch. Ein Typ wie er, nur älter, gepflegtes Äußeres, ordentlicher Arbeitsplatz. Er begrüßte ihn mit der Frage:

„Herr Künzelmann, Rudolf Künzelmann?"

„Ja richtig."

„Nehmen Sie bitte Platz. Mein Name ist Ulrich Bergmann. Was führt Sie zu mir?"

Rudolf erzählte ausführlich, was geschehen war. Herr Bergmann hörte ihm zu, ohne ihn zu unterbrechen, stellte anschließend noch ein paar Fragen und ergänzte das Formular auf dem Bildschirm.

„So, Herr Künzelmann, wenn ich Sie richtig verstanden habe, möchten Sie Ihre Ausbildung fortsetzen, aber nicht mehr in diesem Betrieb. Für Sie wäre meines Erachtens ein kleines Familienunternehmen geeigneter. Wollen Sie in der Branche bleiben?"

„Gerne, Herr Bergmann, die liegt mir gut. Aber ich bin gerne bereit zu wechseln, wenn sich nichts findet. Ich will möglichst wenig Zeit verlieren."

Herr Bergmann blickte auf seinen Monitor und dann lächelte er Rudolf an.

„Nun, das Suchergebnis fällt für Sie positiv aus.

Sind Sie mobil?"

„Auto hab ich nicht, aber einen Roller. Straßenbahn und Omnibus gibt es ja auch. Was können Sie mir anbieten?"

„Elektro Müller sucht einen Lehrling für Verkauf und Lager. Sie hätten ein Stück zu fahren. Der Laden liegt am Stadtrand."

„Das macht überhaupt nichts. Das nehme ich gern in Kauf, wenn ich nur schnell wieder unterkomme. Was muss ich tun?"

„Wenn Sie wollen, ruf ich dort gleich an. Bitte warten Sie draußen."

Rudolf Künzelmann schickte auf dem Gang ein Stoßgebet nach oben und hoffte inständig, dass er bei der Firma die Ausbildung beenden könnte. Die Anzeige der Zimmernummer blinkte.

„Treten Sie ein, Herr Künzelmann. Herr Müller möchte Sie kennenlernen. Fahren Sie gleich heute Nachmittag hin und nehmen Bewerbung, Zeugnisse, et cetera mit."

„Ja, das werde ich. Herr Bergmann, Sie haben mir einen großen Gefallen erwiesen. Drücken Sie bitte fest die Daumen, dass es klappt. Und – danke."

Das Vorstellungsgespräch verlief für ihn bestens. Die Müllers waren eine nette, tüchtige Familie und stellten Rudolf sofort ein. Er konnte auch in der Berufsschule weitermachen wie bisher.

Bei seinem alten Arbeitgeber kündigte er schriftlich, holte die Papiere ab und räumte seinen Spind leer. Der Chef wollte ihn trotz allem ungern gehen lassen, denn Rudis Umsätze würden fehlen, aber der Azubi hatte sich entschieden und verzichtete sogar großzügig auf den ihm noch zustehenden Urlaub. Unter dem Gelächter von Ansgar und seinen Kumpanen verließ Rudolf Künzelmann hoch erhobenen Hauptes den Fachmarkt, ohne ein Wort zu verlieren.

Sollten sie doch denken, er hätte die Kündigung bekommen.

Jetzt begann ein neuer Abschnitt im Leben des jungen Mannes. Er freute sich darauf.

Sein Weg führte ihn zu einer Konditorei. Er kaufte für seine Mutter ein Stück Schwarzwälder Kirsch und für Oma Prinzregenten-Torte, die sie so liebte. Beim gemeinsamen Kaffee berichtete er ihr bis ins kleinste Detail. Auch sie war zufrieden.

Die späte Rache an den früheren Kollegen sollte erst noch kommen, sagen wir besser — Genugtuung.

Rudolf bestand die Gesellenprüfung als Jahrgangsbester und wurde vom Innungsobermeister bei der Freisprechung ausgezeichnet. Die Abschlussnoten von Ansgar, Oliver, Kevin, Malte und Ronny waren nicht erwähnenswert.

Ein Journalist der örtlichen Presse war zugegen und ein großer Beitrag mit Foto erschien am nächsten Tag in der Zeitung. Familie Müller war beeindruckt, Rudis Mutter und Oma natürlich auch.

Rudolf fühlte sich nicht mehr als Außenseiter.

Coffee to go

Ohne *to go* geht heute anscheinend gar nichts mehr, oder?

In meiner Kindheit und Jugend war es undenkbar, unterwegs auf der Straße etwas zu trinken oder gar zu essen. Das galt als unschicklich. Auch so ein Wort, das heute kaum mehr vorkommt. Begriffe wie Hilfsbereitschaft, Rücksicht, Höflichkeit und Respekt fehlen heute bei so manchen Menschen — und nicht nur im Wortschatz.

Passanten, die mir auf der Straße entgegenkommen und mich fast niederwalzen, haben keine Hand frei. In der einen das Handy, in das sie mit verspanntem Nacken starren, statt auf den Weg zu achten, sogenannte *Smombies*, die um sich herum nichts mehr wahrnehmen, in der anderen einen Becher, eine Flasche, einen Döner oder ein Stück Pizza *to go*. Dann fehlt die dritte Hand, um schnell auf dem Smartphone etwas zu tippen. So ein Mist!

Mit Musik *to go* über Ohrstöpsel oder Kopfhörer mutiert jede Fahrradklingel zur Lachnummer.

Die Stadt Augsburg hatte sogar zur Verbesserung der Sicherheit 2016 an zwei Haltestellen Bodenampeln angebracht. Rote LEDs blinken bei ankommenden Trambahnen.

Was brauche ich *to go*? Zum Gehen? Zum Mitnehmen? Schuhe, Geldbörse, Schlüssel und ein Buch! Das reicht doch, oder?

Alte Liebe rostet nicht

So, fast geschafft. Oben kann nicht mehr viel sein. Renate öffnete die Luke zum Dachboden, löste die Arretierung und zog das Treppenelement nach unten. Mit Taschenlampe ausgestattet stieg sie die knarrenden Holzstufen nach oben ins Dunkel. Durch wenige Glasdachziegel fiel etwas Tageslicht und ließ den Umriss des alten Kleiderschrankes erkennen. Jeder Schritt, mit dem sie darauf zuging, wirbelte Staub auf, der es sich auf den Dielenbrettern gemütlich gemacht hatte und jetzt aus dem Schlaf geschreckt wurde. Renate musste herzhaft niesen. Hier oben roch es muffig nach abgestandener Luft. Das winzige Giebelfenster ließ sich schon lange nicht mehr öffnen.

Im Schein der Taschenlampe drehte sie den angerosteten Schlüssel an der Schranktür um, der quietschend das Schloss entriegelte, öffnete die Tür und besah den Inhalt. Da hing Großmutters dunkelgrüne Wolljacke mit dem Kaninchenpelzkragen, der lange Wehrmachtsmantel des Opas, sowie Mutters einfaches Hochzeitskleid. In der oberen Ablage fanden sich zwei Filzhüte, in den Fächern links nichts Spektakuläres, oder doch?

Ja, da stapelte sich Großmutters Wäsche! Renate nahm die Bettbezüge in die Hand, die ihre Oma mit Lochstickerei mühsam angefertigt hatte, und strich darüber. Das war damals die Aussteuer für die Braut.

Renate vermisste Großmutter sehr, und jetzt war auch ihre Mutter plötzlich verstorben. Tränen bahnten sich den Weg über die Wangen und sammelten sich schließlich im feucht werdenden Rollkragen. Bis vor einigen Wochen hatte ihre Mutti dieses Haus bewohnt. Renate wurde schlagartig bewusst, dass sie nun allein auf der Welt war, ohne Familie. Sie selbst wohnte lange schon in einer weit entfernten Stadt.

Jetzt war sie dabei, Mutters Haushalt aufzulösen. Ein Kaufinteressent für das Häuschen hatte sich bereits gemeldet. Heute war der Chef eines Sozialkaufhauses hier, Herr Waibel, um sich unentgeltlich Dinge auszusuchen, für die noch jemand Verwendung finden würde. Die Einrichtungsgegenstände waren für den Sperrmüll viel zu schade.

„Ach ja, der Herr wartet ja im Erdgeschoss!", erinnerte sich Renate.

Sie hätte wohl besser vorher in aller Ruhe die Sachen hier oben durchsehen sollen. Doch nun war er schon einmal hier und so konzentrierte sie sich wieder auf den Dachboden. War da noch etwas? Im Lichtkegel der Lampe entdeckte sie eine Pappschachtel von *Witt Weiden*. Oma hatte dort ab und zu Kittelschürzen, Grubenhandtücher und Frotteewaren bestellt. Im Karton befand sich zudem die umfangreiche Sammlung von Bierfilzen, Vaters Hobby, das wenigstens nichts gekostet hatte. Wenn man in einer Gastwirtschaft freundlich fragte, durfte man einen Untersetzer gratis mitnehmen. Dass ihre Mutter die noch aufbewahrt hatte! Normalerweise war sie gut im Entsorgen gewesen.

Daneben stand tatsächlich auch noch Renates bunt bemalte Holztruhe. Vorsichtig öffnete sie den Verschlussbügel und klappte gespannt den Deckel hoch. Sie entdeckte ihre Kinderspielsachen und war ganz entzückt. Darin lagen Bauklötze, einige Märchenbücher und ihre selbst gefertigten Kasperlepuppen, die Köpfe aus Pappmaché und die Körper in genähten Kleidern aus Stoffresten. Unter der Häkeldecke aus dem Puppenwagen musste auch noch etwas liegen. Sie hob sie hoch und – da lag er!

Karli, ihr heiß geliebter Karli! Ein freudiges Lächeln ließ sie erstrahlen, und ihr Herz klopfte bis zum Hals. Seine Glasaugen blitzten im Schein der Lampe auf. Er freute sich bestimmt, endlich befreit zu werden. Karli, ihr Teddy, ein Gewinn vom *Glückshafen* des Roten Kreuzes auf dem Jahrmarkt.

Renate erinnerte sich noch genau. Sie hatte ein Los der ersten Kategorie gezogen und freie Auswahl in der obersten Reihe. Ewig hatte sie überlegt. Es hätte auch durchaus wertvollere Geschenke gegeben, aber sie hatte sich bewusst für den einfachen Teddy entschieden. Stolz hatte sie ihn daheim ihrer Oma präsentiert. Die hatte das Geld für den Jahrmarktbesuch vom Haushaltsgeld abgezwackt und freute sich mit ihrer Enkelin. Karli war Renates liebster Spielgefährte geworden. Er hatte alles mitgemacht: schaukeln bis zur Übelkeit, im Sandkasten spielen, Dreiradfahren, auf Bäumen sitzen und später als Begleiter auf dem Gepäckträger bei Radausflügen sitzen. Spurlos war das natürlich nicht an ihm vorbeigegangen. Vom ursprünglich dichten Fell war nicht viel übrig geblieben. Mit bunten Flicken war der dünne Stoff mehrmals ausgebessert worden, damit die Füllung aus Holzwolle nicht herausquoll. Ebenso waren Ohren und Glasaugen mit Zwirn immer wieder befestigt worden. Er war schon sehr „abgeliebt". Das tat jedoch der Liebe, die ihm Renate entgegengebracht hatte, keinen Abbruch. Vorsichtig hob sie ihn aus der Truhe und drückte ihn an sich.

„Mein allerliebster Karli. Jetzt bleibst du für immer bei mir, ja?"

Sie kippte seinen Körper nach vorne und testete die Brummstimme. Die Mechanik funktionierte tatsächlich noch! Renate empfand das als freudige Antwort.

Herrn Waibels Stimme riss sie aus dem Tagtraum.

„Frau Mölder, alles in Ordnung da oben? Ich wäre unten erst mal fertig. Morgen früh hole ich mit dem Transporter die sperrigen Möbel, den Rest dann nachmittags."

„Ja, ich komme. Bitte helfen Sie mir mit der Holztruhe, die nehme ich heute gleich mit."

Herr Waibel trug das gute Stück zu ihrem Auto und verstaute es im Kofferraum. Sie verabschiedeten sich für heute.

Renate hatte sich in einer Pension eingemietet und wollte gerade losfahren, als Herr Waibel ihr durch das offene Seitenfenster zurief:

„Alte Liebe rostet nicht!"

Er zeigte mit einem verständnisvollen Lächeln auf den Beifahrersitz, wo es sich Karli bequem gemacht hatte.

„Da haben Sie Recht, alte Liebe rostet nicht. Karli war heute mein absolutes Highlight!"

Dregg im Schächtele

Bei Familie Fuchs wurde früher die Fastenzeit im Advent konsequent eingehalten. Die beiden Kinder bekamen durchaus genug zu essen, aber Süßigkeiten waren gestrichen. Schokolade, Lutscher oder *Guatsla*, also Bonbons, waren vor dem Weihnachtsfest nicht zu erbetteln, nicht mal die *Verreggerla*, die verunglückten Stückchen des Weihnachtsgebäcks. Für besondere Verdienste hatte Oma Gundi, die mit im Haushalt lebte und tagsüber die Mädchen beaufsichtigte, im selbst genähten Adventskalender Kleinigkeiten versteckt. Vor dem Nachtgebet durften die sechsjährige Ilse und die jüngere Marianne das Tagessäckchen öffnen. Jede der beiden Schwestern hatte natürlich ihr eigenes. Es konnte sein, dass eine Walnuss zum Vorschein kam, ein wertvolles Hauchbildchen aus bunter, bedruckter Folie, das sich beim Anhauchen wölbte, ein Holzwürfel, ein Puppenkleidchen oder Zubehör für den Kaufladen, den ihr Großvater vor einiger Zeit gezimmert hatte.

Eines Tages hatte Marianne ihre ältere Schwester so lange provoziert, bis Ilse — und das kam bei ihr so gut wie nie vor — dermaßen in Wut geraten war und das Nächstbeste, was ihr zwischen die Finger kam, nach ihr geschleudert hatte. Das war dummerweise ein Unterteller. Zu ihrem Entsetzen war Marianne davon auch noch am Hinterkopf gestreift worden. Der Schreck war bei beiden wesentlich größer als die Verletzung, die nur leicht blutete. Als Ilse das Malheur sah, tat ihr die Überreaktion schon wieder leid, aber die Kleine nutzte die Gelegenheit, wie am Spieß zu brüllen und die komplette Nachbarschaft zusammenzuschreien. Es war zum Glück weiter nichts Schlimmes passiert. Der Porzellanteller mit blauem Zwiebelmuster war natürlich in tausend Scherben zerbrochen.

Ilse musste sich von der Großmutter einiges anhören. Triumphierend grinste Marianne ihre Schwester an und trug nach dem Verarzten stolz den weißen Verband hoch erhobenen Hauptes wie eine Kaiserkrone zur Schau und unnötigerweise noch an mehreren Tagen danach.

Am Abend dieses denkwürdigen Tages war in deren Säckchen eine Mandarine, etwas sehr Seltenes, und bei Ilse eine Streichholzschachtel. Vorsichtig schob sie das Innenteil heraus und war gespannt.

Was da wohl zum Vorschein kommen würde?

Darin entdeckte sie nur etwas, das aussah wie Gartenerde mit Sand gemischt. Um zu ergründen, ob es das war, wofür sie es hielt, tauchte sie den angefeuchteten Finger hinein und probierte davon. Es knirschte zwischen den Zähnen. Sie spuckte es angewidert in ihr Taschentuch.

Fragend schaute sie Oma an, die das Geschehen beobachtete. Die meinte nur, das sei zur Strafe der *Dregg im Schächtele.*

Geheimnisse

Die Standuhr, ein Erbstück ihres Großvaters, schlug halb fünf. Gerlinde stand immer noch unentschlossen vor dem Kleiderschrank und überlegte. Schließlich entschied sie sich für das dunkelgrüne Kleid mit den Perlmuttknöpfen und dem weißen Spitzenkragen. Ja, das wäre dem Anlass angemessen. Dazu hing schon der beige Popelinmantel an der Garderobe und das kleine Pillbox-Hütchen. Gerlinde ging nämlich nie ohne Hut auf die Straße. Handschuhe, Schal und Tasche bewahrte sie im Vertiko im Hausgang auf. Prüfend warf sie einen Blick in den Spiegel und legte die schlichte Perlenkette an. Außer dem Ehering und der damals üblichen schmalen Armbanduhr trug sie keinen Schmuck. Zufrieden mit ihrer Erscheinung wichste sie nochmals über die Lederschuhe, steckte Geldbörse und ein umhäkeltes Stofftaschentuch in die Handtasche und schickte sich zum Gehen an. Kurz noch ein Blick in die Küche, ob der Herd auch wirklich ausgeschaltet war, dann löschte sie das Licht und verließ das Haus. Kurz vor der Gartentür drehte sie nochmals um und prüfte erneut, ob die Haustür auch tatsächlich zugesperrt war.

Gerlinde bewohnte mit ihrem Mann Ludwig ein älteres Reihenmittelhaus in einem Vorort von Augsburg. Sie hatte es von Luise, ihrer alleinstehenden Tante, vor zweiundzwanzig Jahren mit allem antiken Mobiliar geerbt, sowie ein kleines Vermögen in Form von Goldmünzen und Anleihen. Diese bewahrte sie in einem Bankschließfach auf.

„Dein Gatte muss das nicht wissen. Es ist ausnahmslos für dich bestimmt, ein persönliches *Michele*. Richte dir ein eigenes Konto ein, auf das du die Zinsen übertragen lässt. (Damals gab es noch Zinsen!) So kannst du dir ab und zu kleine Wünsche erfüllen und musst nichts vom Haushaltsgeld abzwacken. Ich weiß, dass dich Ludwig sehr knapp hält. Aber der Typ musste es ja sein. Du hättest jeden anderen Mann bekommen können."

Das waren Tante Luises Worte bei Gerlindes letztem Besuch gewesen. Da hatte sie ihr eine geschnitzte Holzkassette übergeben.

„Gönn dir ab und zu etwas Schönes, mein Kind, und danke für die Mühe, die du mit mir in den letzten Monaten gehabt hast. Wer sonst hätte das für mich getan? Also, nimm es und bewohne nach mir mein Haus. So steht es in meinem Testament geschrieben. Ich sterbe beruhigt, wenn ich weiß, dass du dich um den Garten kümmerst, der mir so am Herzen liegt. Du weißt, sonst ist alles geregelt."

Drei Tage später wurde sie ins Krankenhaus eingeliefert und verstarb dort noch am selben Abend.

Gerlinde erbte auch das Klavier. Tante Luise war es gewesen, die das Mädchen unterrichtet hatte. Ihre Eltern hätten dafür kein Geld ausgegeben. Das Kind hatte sich immer auf die wöchentlichen Stunden gefreut. Mit gutem Gehör ausgestattet, hatte sie mit Ausdauer die Werke der wichtigsten Komponisten kennen und spielen gelernt. Nach der musikalischen Unterweisung war immer Tee mit selbst gebackenen

Keksen auf dem Tisch gestanden. Dazu hatten sie gemeinsam Musik von Schallplatten gehört, die Gerlinde aussuchen durfte. Fasziniert war sie vom *Sommernachtstraum* von *Mendelssohn-Bartholdy* und *Smetanas Moldau* gewesen.

Die Plattensammlung hatte sie natürlich auch geerbt und sie hörte beim Bügeln gerne Klassik.

Heute gab sie selbst Klavierunterricht und freute sich, wenn Kinder mit dieser Musik aufwuchsen.

Außer der Pflege des Gartens mit akkurat geschnittenen Hecken und Obstbäumen las sie gerne Bücher aus Tante Luises umfangreicher Bibliothek.

Ludwig hingegen liebte das Schachspiel. Für ihn war es ein Ausgleich zu seinem Beruf als Buchhalter in einer großen Maschinenbaufirma am anderen Ende der Stadt Augsburg. Er war zweiundsechzig und seit vierzig Jahren in diesem Unternehmen tätig. Nichts liebte er mehr als die Gewohnheit. Spontaneität war ihm ein Fremdwort. Wenn man ihn so sah, würde man ihn, ohne zu überlegen, als Spießer und Pedanten bezeichnen. Jeden Morgen verließ er exakt um die gleiche Zeit das Haus mit der abgegriffenen Aktentasche, in der sich eine Thermoskanne mit Pfefferminztee befand, eine Blechdose mit Salamibrot und Apfel, manchmal auch ein Stück Kuchen und die Tageszeitung. Ausgestattet mit Hut, Mantel und Fliege — er mochte keine Krawatten — wartete er auf die Straßenbahn, traf die gleichen Fahrgäste und setzte sich immer an den Fensterplatz im hinteren Drittel des Wagens. Nachdem stets dieselben Menschen mit-

fuhren, machte ihm auch niemand diesen Platz strei-
tig. Nur gegenüber saß ab und zu jemand anders. Bis
zur Endhaltestelle, die Fahrt dauerte etwa fünfund-
sechzig Minuten, hatte er den größten Teil der Zei-
tung gelesen. Das Feuilleton hob er sich für die Mit-
tagspause auf. Die verbrachte er an einem Einzeltisch
im Aufenthaltsraum der Firma. Mittagessen in der
Kantine hielt er für hinausgeworfenes Geld. Er traute
den Köchen nicht. Wer wusste schon, was sie ins Es-
sen mischten. Sein grundsätzliches Misstrauen allem
und jedem gegenüber ging sogar weit, dass er sogar
seine graue Hose nicht nur mit einem Gürtel an Ort
und Stelle hielt, sondern zusätzlich mit Hosenträgern
sicherte. Um die Hemden lange zu erhalten, trug er
während der Schreibarbeiten Ärmelschoner. Wenn
der Kragen durchgewetzt war, musste Gerlinde unten
aus dem Rückenstück Stoff herausschneiden und den
Kragen aufdoppeln. Das fehlende Stück unten wurde
mit einem übrigen Stoffrest ergänzt. Das war ja nicht
zu sehen, außer beim Bücken. Die Absätze an seinen
Schuhen waren mit Metallbögen beschlagen, was ihm
als klein gewachsenen Mann mit eins achtundsechzig
einen unüberhörbaren Schritt bescherte. Die durch-
gescheuerten Ellbogen seiner Strickwesten hatte seine
Frau mit Lederflicken zu kaschieren. Durchbohrte
Socken flickte sie mit Hilfe eines Stopfeis. Er war
nicht nur sparsam, sondern auch geizig. Und ein
Gewohnheitstier. Seine Mahlzeiten hatten pünktlich
auf dem Tisch zu stehen. Am Sonntag verlangte er
zum Braten vorweg Suppe und als Nachtisch Kom-
pott, natürlich im guten Porzellan mit Zwiebelmuster.

Gerlinde hatte er untersagt nach der Hochzeit zu arbeiten. Es sollte niemand denken, das Einkommen würde nicht ausreichen. Seine Frau war ganz froh darüber gewesen, denn im Kolonialwarenladen hatte es ihr nicht so recht gefallen. Der Inhaber war ständig hinter den Lehrmädels her gewesen. Sie wurden oft in den Lagerkeller zum Abfüllen von Essig, Zucker oder Salmiak geschickt. Er hatte sich dann zur Kontrolle, wie er sagte, nach unten geschlichen und versucht, ihnen an die Wäsche zu gehen. Gerlinde hatte sich jedoch stets zu wehren gewusst.

Nach der Abschlussprüfung als Verkäuferin hatte sie mit achtzehn Jahren Ludwig geheiratet, den sie schon als Kind gekannt hatte.

Dankbar passte sie sich ihrem vier Jahre älteren Ehemann an, hielt den Haushalt sauber und bemühte sich, ihm zu gefallen. Zuhause trug sie stets eine ärmellose Kittelschürze und Filzhausschuhe, um das Parkett zu schonen, und hatte die braunen Haare zu einem geflochtenen Knoten gesteckt. Die Holztreppe roch nach gelbem *Sigella* Bohnerwachs, und die Wäsche wurde eigens gestärkt und exakt gebügelt. Gerlinde war die perfekte Hausfrau.

Eines Tages wurde sie von ihrem Mann kolossal überrascht. Er hatte zur Feier seines dreißigsten Dienstjahres bei der Maschinenbaufabrik eine Treueprämie bekommen und diese in ein Fernsehgerät investiert. So eine Ausgabe!

Gerlinde sah sich gerne Operetten an. Sie vergötterte Marika Rökk und verwendete natürlich die Faltencreme Hormocenta, für welche die Schauspielerin Reklame machte.

Außerdem lief *Der Internationale Frühschoppen mit Werner Höfer* und geladenen Journalisten am Sonntagmittag, wofür sogar das Essen verschoben wurde, und das sollte bei Ludwig etwas heißen! Zu Gast waren oft *Sebastian Haffner, Henri Nannen, Peter Scholl-Latour* und *Rudolf Augstein*. Die Sendung wurde vom *WDR* live im Fernsehen übertragen. Vielleicht war das sogar der erste Polit-Talk?

Was bin ich?, das heitere Berufe-Raten mit *Robert Lembke* und seinem Foxterrier oder *Einer wird gewinnen* mit *Joachim Kulenkampff* waren sehr beliebte Abendsendungen.

Der späte Freitagnachmittag war für die Eheleute Ausgehtag, aber getrennt. Gerlinde besuchte die Chorprobe des Frauenbundes, Ludwig traf die Mitglieder des Schachclubs. Punkt sieben Uhr waren dann beide wieder zuhause und nahmen das vorgekochte Abendessen ein. Aufregendes ereignete sich in ihrem Leben nicht. Das war auch Ludwig völlig recht. Wie gesagt, er brauchte seine Gewohnheiten.

Heute jedoch war Montag, der zehnte Oktober — der einzige Tag im Jahr, an dem Ludwig seine Frau zum Essen ausführte — denn es war ein besonderes Datum. Gerlinde ging schnellen Schrittes zur Trambahnhaltestelle und fuhr bis zum *Schlößle* in *Lechhau-*

sen, einen Stadtteil im Osten von Augsburg. Dort wartete Ludwig schon ungeduldig und sah auf die Uhr.

„Du hast dich um acht Minuten verspätet, Gerlinde! Du weißt doch, dass ich Unpünktlichkeit hasse."

„Dafür kann ich nichts. Die Straßenbahn hatte Verspätung wegen einer Störung an der Oberleitung. Wie war es bei dir in der Arbeit?"

„Wie soll es schon gewesen sein. Immer das Gleiche. Lass uns gehen. Ich habe einen Tisch im *Grünen Kranz* reserviert. Da hat es dir immer gefallen."

Sie betraten die Gastwirtschaft, hängten ihre Mäntel an die Garderobe und ließen sich vom Kellner zu ihrem Tisch bringen.

„So, nehmen Sie bitte Platz. Einen Aperitif?"

„Natürlich. Wie jedes Jahr, Gerlinde?"

„Ja, gerne."

„Dann bringen Sie uns bitte zwei Martini trocken."

„Sofort, meine Herrschaften."

Mit den Getränken brachte der Ober auch die Speisekarten.

„Sehr zum Wohl. Wenn Sie dann bitte wählen möchten?"

Ludwig ergriff das Glas und prostete seiner Frau zu: „Auf unseren vierzigsten Hochzeitstag, Gerlinde. Danke für die gemeinsamen Jahre."

„Auf uns!"

Sie nahmen einen Schluck des besonderen Getränkes. So etwas gab es daheim natürlich nicht.

Ludwig reichte ihr eine Karte.

„Such dir etwas Feines aus, Gerlinde."

Sie studierte das Speisenangebot und entschied sich für die Tagessuppe, gebratene Forelle mit Salzkartoffeln und Salatteller. Dabei achtete sie genau auf die Preise, dass es ja nicht zu viel kostete.

„Eine ausgezeichnete Wahl. Das nehme ich auch."

Er war erleichtert, dass seine Frau nichts Teureres ausgesucht hatte.

Nach der Bestellung griff Ludwig in die Jackentasche. Gerlinde wusste, was jetzt kommen würde. Wie zu jedem Hochzeitstag, bekam sie ein kleines Präsent. Sie war gespannt, was sich Ludwig diesmal ausgedacht hatte.

„So, und das ist für dich, Gerlinde."

Er übergab ihr einen Umschlag. Vorsichtig öffnete sie ihn und entnahm einen Bogen Büttenpapier, der mit Kalligraphie-Feder beschrieben war. Ein Gedicht! Ihr Mann hatte noch nie für sie geschrieben! Lag es etwa an einem schlechten Gewissen? Nein, das konnte nicht sein. Gerührt bedankte sie sich mit einem Händedruck. Mehr war in der Öffentlichkeit tabu.

Die Suppe wurde aufgetragen, eine Hochzeitssuppe. In klarer Rinderbrühe schwammen Brät- und Leberknödel mit Pfannenkuchenstreifen, garniert mit Schnittlauchröllchen. Wie immer würzte Ludwig schon mal mit Maggi nach, obwohl er noch gar nicht gekostet hatte. Das war wieder typisch. Gerlinde fand das unnötig. Die Suppe schmeckte vorzüglich. Auch der Hauptgang war fein.

„Na, wen haben wir denn da? Grüß dich, Ludwig. Was habt ihr beiden zu feiern? Hast in deinem Alter noch eine neue Anstellung gefunden nach all dieser Zeit? Kannst ja nachher kurz hinten in der Kegelbahn vorbeischauen und den alten Kollegen hallo sagen. Also, lasst euch nicht weiter stören."

Fragend schaute Gerlinde in das plötzlich schlohweiße Gesicht ihres Mannes, aus dem sämtliche Farbe gewichen war. Auf seiner Stirn standen Schweißperlen. Er nestelte nervös nach einem Taschentuch.

„Was sollte das denn heißen, Ludwig? Hast du mir etwas zu sagen? Wer war das?"

Ludwig hatte sich wieder gefangen und seine Wangen bekamen wieder gesunde Farbe.

„Ach, ein Kollege aus der Firma. Der Klaus hat immer einen witzigen Spruch auf den Lippen. Er ist unser Pausenclown und für jeden Spaß zu haben. Wollen wir uns nicht einen Nachtisch bestellen?", versuchte Ludwig, sich aus der Situation zu retten.

„Was hältst du von einem Eisbecher mit heißen Waldbeeren?"

Ohne eine Antwort abzuwarten, bestellte er beim Kellner. Gerlinde sah ihn ungläubig an, sagte aber nichts. Ihr Hirn dagegen arbeitete unablässig.

Ludwig überlegte kurz. Sollte nun sein so lange gehütetes Geheimnis auffliegen? Nein!

Die Kündigung vor zwei Jahren hatte er aus Scham vor Gerlinde verheimlicht. Früher wurde mit Lochkarten gearbeitet, die Buchhaltung war inzwischen jedoch auf EDV umgestellt. Drei Mitarbeitern aus der Abteilung war gekündigt worden, auch ihm.

Seine Frau hatte keine Ahnung von der Kündigung, genauso wenig, was er den ganzen Tag tat. Ludwig verbrachte die Zeit bei schönem Wetter im Stadtpark. Er hatte sich einen Schachcomputer gekauft und übte fleißig damit. Bei schlechtem Wetter setzte er sich in ein Café, in die Bahnhofshalle oder trieb sich in einem gut geheizten Kaufhaus herum. Es wurde für ihn jedoch immer schwieriger den Alltag so zu leben, als ob er arbeiten würde.

Natürlich hatte er sich ständig um eine neue Anstellung bemüht. Der Betreuer im Arbeitsamt, wie es früher hieß, machte ihm kaum Hoffnung, zumal er keine EDV-Kenntnisse vorweisen konnte. Eine ABM wurde in seinem Alter nicht mehr genehmigt. Er solle sich doch jetzt auf seinen baldigen Renteneintritt freuen, meinte sein Sachbearbeiter.

Jeden Dienstag traf er sich mit seiner früheren Arbeitskollegin, Fräulein Süßmeier, auf einen Kaffee. Auch sie war nach der Kündigung ohne Anstellung geblieben, mit Anfang sechzig. Sie hieß Hildegard, war alleinstehend und hatte fast solange im Betrieb gearbeitet wie Ludwig. Mit der Abfindung kam sie einigermaßen über die Runden. Sie war sparsam wie er, und gönnte sich nur die gemeinsamen Kaffeenachmittage. Schon länger waren sie befreundet. Hildegard sah noch gut aus, war gepflegt und kleidete sich adrett und zeitlos. Sie mochten sich, mehr nicht. Beide freuten sich über die wöchentlichen Begegnungen, die etwas Abwechslung in den Alltag brachten.

Nach dem feinen Essen zum Hochzeitstag fuhren die Eheleute mit der Straßenbahn in den Vorort und legten das letzte Wegstück zu Fuß zurück. Ludwig redete ununterbrochen, um seine Unsicherheit zu überspielen. Gerlinde hörte desinteressiert zu, sagte aber kaum etwas. Zuhause angekommen legte sich Ludwig bald ins Bett, da er angeblich müde war. In Wirklichkeit wollte er jeglicher Diskussion aus dem Weg gehen. Er hoffte, dass am nächsten Tag der Vorfall vergessen sein würde.

Weit gefehlt. Seine Frau machte in dieser Nacht kein Auge zu.

Am nächsten Morgen verabschiedete sich Ludwig von ihr pünktlich wie immer und verließ das Haus. Gerlinde hatte wie immer seine Brotzeit hergerichtet und in die Aktentasche gepackt. Sie legte ihren Morgenrock ab, unter dem sie bereits angekleidet war, schnappte sich Hut und Mantel und folgte ihm unauffällig zur Haltestelle.

Es war Dienstag. Was es damit auf sich hatte, konnte sie nicht wissen.

Ludwig hatte dem ganz normalen Verhalten seiner Frau beim Frühstück nichts Außergewöhnliches entnommen. Sie hatte keine weiteren Fragen zum vergangenen Abend gestellt und ihn wie immer zum Abschied auf die Wange geküsst. Dass sie ihm folgen würde, konnte er nicht vermuten.

Gerlinde hatte sich eine Illustrierte am Kiosk gekauft und setzte sich hinten in die letzte Reihe der Trambahn. Über den Rand der Zeitschrift beobachtete sie ihren nichts ahnenden Mann. Statt bis ans andere Ende der Stadt zu fahren, wo die Fabrik lag, stieg er bereits nach acht Haltestellen aus. Sie beeilte sich, um ihn nicht aus den Augen zu verlieren. Beim Berufsverkehr und den vielen Menschen um diese Zeit konnte er sie bestimmt nicht ausmachen. Ludwig ging zum *Café Schleicher*, sie mit Abstand hinterher.

Also nichts mit Maschinenfabrik und arbeiten! Für Gerlinde wurde es zunehmend dramatischer. Sie blieb an der Kuchentheke stehen und sah, wie er seinen Mantel an der Garderobe aufhängte und auf einen Zweiertisch zusteuerte. Freudig lächelnd wurde er von einer gutaussehenden Dame in seinem Alter erwartet. Sie stand auf und begrüßte ihn mit einem Wangenkuss, den er erwiderte.

„So brachte Ludwig also seine freien Tage zu!", schoss es Gerlinde durch den Kopf.

Entsetzt wandte sie sich ab und stürzte aus dem Café. Ihre Augen füllten sich mit Tränen.

„Was soll das? Warum hatte er kein Vertrauen zu ihr und von der Kündigung erzählt? Er konnte bestimmt nichts dafür. Warum hinterging er sie? Und wer war diese Frau? Nach all den gemeinsamen Jahren. Und nach ihrem vierzigsten Hochzeitstag, den sie gestern gefeiert hatten!"

Ihre Gedanken drehten sich im Kopf wie ein Rührteig in der Küchenmaschine. Sie war maßlos enttäuscht und verletzt. Als sie wieder klar denken konnte, schwor sie Rache.

„Nicht mit mir!", sagte sie leise vor sich hin.

Nun passierte alles ganz schnell. Zunächst ging sie zur Sparkasse, wo sie ihr Konto hatte, und hob Bargeld ab, nicht zu knapp. Auf dem Heimweg beauftragte sie einen Schlüsseldienst, das Haustürschloss schnellstens auszutauschen. Sie hätte ihren Schlüssel verloren. Schließlich fuhr sie nach Hause. Eine halbe Stunde später hatte der Monteur die Arbeit erledigt. Mit großzügigem Trinkgeld verabschiedete er sich:

„Ja, Notfälle erledigen wir sofort! Dankeschön!"

Ludwigs Kleidung — er hatte ja nicht viel — packte sie in seinen großen alten Lederkoffer, die zwei Paar Schuhe und das Rasierzeug in die Reisetasche, und stellte ihn schon mal in den Hausflur. Alles andere, das Haus und das Inventar, gehörten ja ihr. Die Klavierschüler informierte sie schriftlich, dass sie für einige Zeit verreisen und sich nach ihrer Rückkehr wieder melden würde. Die wenigen Lebensmittel aus dem Kühlschrank verstaute sie in der Gefriertruhe im Keller, schloss die Fenster und holte ihre Reisetasche. Sorgfältig packte sie das Nötigste zusammen, drehte den Gashahn ab und ging zu ihrer Nachbarin.

„Liebe Frau Müller, ich habe eine Bitte. Wir werden für einige Zeit verreisen. Zum vierzigsten Hochzeitstag hat mich mein Mann damit überrascht. Würden Sie bitte den Postkasten leeren und den Garten gießen? Das wäre ganz lieb von Ihnen. Ich weiß nicht genau, wie lange es nötig ist, aber hier ist schon mal eine kleine Aufwandsentschädigung für Sie."

Damit drückte sie ihr einen Umschlag in die Hand mit einem großen Geldschein darin.

Nachdem die Nachbarin zugesagt hatte, holte Gerlinde die beiden Gepäckstücke, stellte den Koffer für Ludwig unter die Rosenhecke, so war er von der Straße aus nicht sichtbar, nahm ihre Reisetasche und schloss das Haus ab.

„Gute Reise!", rief Frau Müller noch nach.

„Dankeschön. Mein Mann erwartet mich bereits am Bahnhof."

Diesmal nahm sie nicht die Straßenbahn. Sie gönnte sich ein Taxi zum *Allgäu Airport* nach Memmingen, löste ein Ticket nach Rom – ohne Rückflug. Die Ewige Stadt wollte sie schon immer mal besuchen.

Und dann?

Das bleibt eines ihrer Geheimnisse.

Die Schiefertafel

Renate wohnte mit Ihren Eltern in der Stadtmitte. Nach der Schule durfte sie oft mit der Straßenbahn zu ihrer Oma in einen Vorort fahren.

Zum Mittagessen erwartete sie diesmal Reisauflauf mit Zwetschgenkompott. Anschließend hatte sie die Hausaufgaben zu erledigen, dann war Spielen angesagt. Man muss wissen, dass Ende der fünfziger Jahre noch mit Griffel und Schiefertafel gearbeitet wurde. Diese war in einem Holzrahmen gefasst und zeigte vorne Linien, hinten Karos. Beim Schreiben verursachte der Griffel, den es mit weicher und harter Miene gab, ein fürchterliches Kratzgeräusch in hohen Frequenzen, dass Omas Dackel sofort das Weite suchte.

In der ersten Klasse, die bald zu Ende sein würde, bestand die Hausaufgabe aus einfachen Rechenbeispielen, die Renate richtig löste. Außerdem sollte sie Wörter aufschreiben zum Thema, was sie in den Ferien erleben wollte. Renate freute sich auf einen Besuch im Zoo. Sie notierte die Namen von exotischen Tieren, die es dort zu bestaunen gab.

So, Hausaufgaben fertig! Sie steckte die vollgeschriebene Tafel in die Schutzhülle, nichts anderes als zwei Pappkartons, die an drei Seiten mit buntem Stoff verklebt waren. Der Schwamm war gewaschen und der gehäkelte Tafellappen trocken, also ab in den Garten zum Spielen.

Gegen achtzehn Uhr rief Oma zum Aufbruch.

„Hast Du den Schulranzen gepackt?"

„Ja, hab alles fertig. Danke Oma. Vielleicht darf ich ja morgen wieder zu dir kommen."

„Von mir aus gerne. Es gibt Dampfnudeln mit Vanillesoße. Hast du das Fahrgeld griffbereit?"

„Ja Oma, die Zehnerle stecken in der Rocktasche. Dann geh ich jetzt."

„Behüt dich Gott", rief ihr die Großmutter nach und winkte am Gartentor, bis die Enkelin nicht mehr zu sehen war.

Renate kannte den Fußweg zur Endhaltestelle der Linie eins genau. Dort hielt die Bahn relativ lange und die Schaffner machten ihre Pause. Damals waren die Wagen längsseitig mit Bretterbänken ausgestattet. Die Fahrgäste saßen sich quer zur Fahrtrichtung gegenüber. In der Decke war eine Längsstange mit Schlaufen befestigt, woran sich Mitfahrer ohne Sitzplatz festhalten konnten. Die Zugänge zur Trambahn wurden mit einem Scherengitter gesichert, das der Schaffner an jeder Haltestelle nach oben klappen und vor der Weiterfahrt wieder schließen musste. Sein Job war natürlich auch das Kassieren des Fahrgeldes. An einem Lederriemen hatte er ein überdimensionales Portemonnaie hängen, oben ein breiter Schlitz, darunter vier verschieden große Metallröhren. Für das Wechselgeld drückte er einen Hebel und die passende Münze kam unten heraus. Renate beobachtete das immer wieder fasziniert. Erst viel später sollte sie erfahren, dass so ein Münzspender *Galoppwechsler* genannt wurde. Der Schaffner trug eine dunkle Uniform mit Schirmmütze und flößte mit dieser Erscheinung dem Kind gehörigen Respekt ein.

Sie setzte sich gerne vorn in den ersten Wagen. Dort konnte man dem Fahrer zusehen, wie er mit riesigen Hebeln und Kurbeln die Tram bewegte. Über dem etwas abgeteilten Führerhaus war ein Emailleschild angebracht, auf dem stand, dass das Sprechen mit dem Fahrer während der Fahrt untersagt sei.

Je weiter sich die Bahn der Stadtmitte näherte, desto mehr Fahrgäste stiegen zu. Natürlich überließ Renate einer alten Dame ihren Sitzplatz, als sonst keiner mehr frei war. Respekt und Rücksichtnahme war für das Mädchen selbstverständlich. Renate stand zwischen stehenden Mitfahrern. Keine Chance, bei ihrer Größe an einen der Gurtschlaufen zu gelangen. Nur noch eine Haltestelle, dann würde sie am Ziel sein.

Kurz zuvor musste der Trambahnfahrer wegen eines unaufmerksamen Radfahrers scharf bremsen. Renate wurde erst nach vorne geschoben und fiel dann beim letzten Ruck auf den Rücken. Ein Herr, der hinter ihr gestanden hatte, konnte sie nicht auffangen. Er war ebenfalls umgekippt. Der Schulranzen dämpfte den Aufprall. Besorgt kümmerten sich andere Fahrgäste um das Kind und halfen ihm auf die Beine, während der Fahrer dem Radler hinterher schimpfte. Renate hatte nur eine kleine Schürfwunde am Ellbogen, weiter nichts.

An der nächsten Haltestelle wurde das Kind schon von ihrer Mutter erwartet. Auf dem Heimweg fragte diese ihre Tochter:

„Hat Oma die Hausaufgaben angeschaut?"

„Ja, sie war zufrieden."

„Fein, dann brauch ich sie nicht zu kontrollieren. So, wir sind da. Komm dann gleich in die Küche, es gibt Leberkäs mit Kartoffelsalat."

„Ich wasch mir noch die Hände."

Am nächsten Morgen, als die Schulklingel zum Unterrichtsbeginn rief, strömten alle Mädchen an ihre Plätze ins Klassenzimmer und packten aus: Griffelschachteln, Tafeln und Schwammdosen.

„So Kinder, dann lasst mich mal eure Hausaufgaben sehen!"

Als Renate die Tafel aus der Hülle ziehen wollte, sah sie das Malheur. Unzählige schwarze Schieferstückchen fielen auf den Tisch, nur der Holzrahmen war in Takt. Bei diesem Anblick schossen dem Mädchen die Tränen in die Augen. Die Lehrkraft kam an ihren Tisch und begutachtete den Schaden.

„So macht man das also, wenn man keine Lust auf Hausaufgaben hat? Du präsentierst mir eine kaputte Tafel?"

„Ich hab die Rechenaufgaben gelöst und auch die Schreibarbeit gemacht!"

Renate hielt ihr verzweifelt ein Schieferstückchen hin.

„Du weißt, man darf nicht lügen!"

„Ich lüge nicht", verteidigte sich Renate.

„Warum liegt dann hier ein Scherbenhaufen? Wie soll das passiert sein?"

„Das war bestimmt gestern Abend in der Straßenbahn. Da bin ich umgefallen."

„Das kann stimmen oder auch nicht. Als Strafarbeit schreibst du bis morgen zwanzig Mal: Ich darf nicht lügen!"

Renate wollte noch etwas entgegnen, ließ es dann aber doch.

Nach der Schule fuhr sie gleich zur Oma. Ihr berichtete sie ausführlich von der Heimfahrt am vergangenen Abend und was dann im Unterricht geschehen war. Die beiden kauften nach dem Essen im kleinen Schreibwarenladen eine neue Schiefertafel. Oma zwackte das Geld aus der Haushaltskasse in der Zuckerdose ab.

Die Strafarbeit erledigte Renate gewissenhaft in Schönschrift, obwohl sie sie als Ungerechtigkeit empfand.

Oma ermahnte ihre Enkelin, dass sie immer ehrlich bleiben sollte. Gott wisse schon, dass sie nicht gelogen hatte. Und das war das Wichtigste.

In der Nacht

Augsburg, Mitte der Sechziger.

Heute schien ihm der perfekte Tag zu sein. Viktor stand im Schlafzimmer und entschied sich für das Rote. Darin fühlte er sich besonders wohl. Während er den Rest der Garderobe zusammenstellte, hatte er das Gefühl, seine Oma, deren vergilbtes Schwarz-Weiß-Foto über ihrem alten Vertiko in seinem Schlafzimmer hing, würde ihn liebevoll beobachten. Er erinnerte sich, dass sie in der oberen rechten Schublade stets in einem abgegriffenen Briefumschlag die schmale Witwenrente und den wenigen Schmuck in einer hölzernen Zigarrenkiste aufbewahrt hatte. Diese war mit rotem Samtstoff ausgelegt, um die Gemme zu schützen, ein Geburtstagsgeschenk von ihrem Mann. An seinen Opa hatte Viktor keine Erinnerung, Großvater war aus dem Krieg nicht zurückgekommen. Aber seine Großmutter war ihm immer noch sehr nahe und vertraut.

Er nahm die Schatulle aus dem Kasten und legte die Brosche zum blauen Seidenschal, den er ausgesucht hatte. Oma hätte ihn verstanden. Als einziger Bub wurde er von ihr verwöhnt. Sie hatte ihm ab und zu etwas zugesteckt, wovon seine Schwestern nichts wussten. Gerlinde, die Erstgeborene, lebte später mit ihrer Familie in New York. Erika, die zweite, arbeitete als Lehrerin in Köln. Viktor hatte eine Zwillingsschwester, die aber kurz nach der Geburt gestorben war. Er fühlte sich stark mit ihr verbunden und wusste, er hätte sie geliebt. Von ihr gab es nur ein einziges

Foto als Säugling, das ihm seine Mutter in die Hand gedrückt hatte, bevor sie starb. Bei einer Nottaufe in der Pfarrkirche *St. Moritz* bekam sie den Namen Alexandra als Andenken an ihren gefallenen Großvater. Im katholischen *Hermanfriedhof* fand sie ihre letzte Ruhe wie auch später Viktors Mutter. Nach ihm kamen noch zwei Mädchen auf die Welt, Isolde und Renate. Der Vater hatte die Familie verlassen und war nach Argentinien ausgewandert. Sie hörten nie mehr etwas von ihm, ihre Briefe kamen unbeantwortet zurück.

Viktor wuchs also in einem Frauenhaushalt im *Lechviertel* in der Unterstadt von Augsburg auf. Seine Mutter verdiente als Alleinerziehende, wie man heute sagen würde, den Lebensunterhalt bei *Siemens*, damals noch an der *Haunstetter Straße*. Im Akkord wickelte sie Relais und fuhr das ganze Jahr mit dem Fahrrad zur Arbeit, um das Geld für die Trambahn zu sparen. Sie schaffte es, das Altstadthaus zu halten, das schon in vierter Generation im Besitz der Familie mütterlicherseits war. Ständig rissen Reparaturen Löcher in die Haushaltskasse, aber es ging trotzdem immer irgendwie weiter.

Nach dem Tod seiner Mutter erbten die Kinder das Anwesen. Viktors Schwestern waren dafür, es zu verkaufen. Verständlich, sie lebten ja alle vier schon lange nicht mehr in Augsburg. Er aber hing an dem alten Gebäude in der *Weißen Gasse*, nahm einen Kredit auf, zahlte die Mädchen aus und bewohnte es nach wie vor im zweiten Stock selbst. Als Beamter bei der Stadt konnte er zu Fuß den Arbeitsplatz im Standesamt am *Herkulesbrunnen* erreichen. Mit seinem Gehalt kam er ganz gut über die Runden. Den Laden im Erdgeschoss hatte er an eine Handwerkerin vermietet, den ersten Stock an Studenten. Die Einnahmen kamen pünktlich.

Nach außen hin gab sich Viktor als biederer, bescheidener Mensch, stets ordentlich gekleidet, freundlich und unauffällig. Wie es in seinem Inneren aussah, wusste nur er.

Er machte sich zum Gehen fertig. Im Flur schlüpfte er in die Pumps, setzte das kesse Hütchen auf und begutachtete zufrieden seine Erscheinung im Spiegel.

So bekleidet war er bisher nur in der Nacht vor die Tür gegangen, so auch gestern Abend gegen halb elf. Die Dunkelheit hüllte ihn ein, vermittelte ihm Geborgenheit und Schutz. Die alten Gaslaternen erzeugten wenig Licht. Erst als er vom *Judenberg* auf den *Moritzplatz* trat, erhellten zur städtischen Beleuchtung ein paar Schaufenster der Geschäfte die *Maximilianstraße*. Viktor schwenkte nach links, vorbei am *Capitol-Kino*, an der Sternapotheke und am *Bankhaus Hafner* und ging weiter in Richtung *St. Ulrich und Afra*. Diese Basilika begrenzt die Prachtstraße im Süden. An der *Schmidt`schen Buchhandlung* sah er sich immer die Auslagen an. Er liebte Bücher. Daneben befand sich das italienische Eiscafé *Sommacal*, eines der Ersten in Augsburg, das für seine köstliche *Cassata* bekannt war. Auf der gegenüberliegenden Straßenseite, vorbei am *Schaezlerpalais*, den Prachtbauten der *Fugger* mit der Buchhandlung *Rieger + Kranzfelder*, der Apotheke von Herrn *Ziegenspeck* und dem *Filmpalast*, umrundete er mit bewusst kleinen Schritten den *Merkurbrunnen*, stets darauf achtend, die Blicke der entgegenkommenden Personen zu deuten. Bisher hatte er keine Anzeichen von Verwunderung oder Misstrauen entdecken können. Manche grüßten ihn freundlich, was er mit einem Lächeln und niedergeschlagenen, dezent geschminkten Augenlidern erwiderte. Am bunt bemalten *Weberhaus* angekommen schlug er den Weg zum *Rathausplatz* ein. Oft saßen ein paar Nachtschwärmer auf den Treppenstufen des *Augustusbrunnens*, einem der Wahrzeichen der Wasser-Stadt. Der römische Imperator hebt auch heute noch die rechte Hand mit leicht gespreizten Fingern, die Geste zur Ansprache an sein Heer. Viktor deutete dies so, als ob er ihn jedes Mal grüßen wollte. Zu Füßen des Kaisers am Beckenrand liegen die Figuren der vier Wasserläufe *Lech* und seinen Zuflüssen *Wertach*, *Singold* und *Brunnenbach*.

Viktor wandte sich nach rechts und verließ die Oberstadt über den *Perlachberg*. Vor der *Kresslesmühle* bei der *Metzg* bog er rechts zum Kloster *Maria Stern* ein und schritt heimwärts. Auf den Bänken am *Elias-Holl-Platz* schliefen ab und zu Obdachlose nach dem Genuss einer Zweiliterflasche *Bauerntrunk*. Aus der Küche der *Ecke-Stuben*, dem Treffpunkt von Feinschmeckern, Weinkennern und Künstlern, drang der Lärm von klapperndem Geschirr. Ein Küchenhelfer war aus dem Hinterausgang am *Hunoldsgraben* gekommen, um zwei volle Abfalleimer in eine der Metalltonnen zu leeren.

„Na, so spät noch allein unterwegs?", sprach er ihn an und musterte ihn anerkennend von Kopf bis Fuß.

„Hhm", gab Viktor zurück und nickte.

An der ehemaligen Gaststätte *Sonne*, die damals der *Hasen-Brauerei* gehörte, nochmal links und er war daheim. Dies war seine nächtliche Runde, die er mindestens zweimal wöchentlich unternahm.

Faschingsdienstag, früher Nachmittag. Heute war das Standesamt geschlossen.

Viktor schnappte sich die lederne Handtasche seiner Oma, sperrte die Wohnungstüre ab und sah schon beim Hinaustreten auf die *Weiße Gasse* die Menschen zur Oberstadt strömen. Er reihte sich ein in die bunte Masse der Mäschkerla, wie man im Schwäbischen zu den Kostümierten sagt, und ließ sich auf die *Maxstraße* treiben. Zwischen *Merkurbrunnen* und *Rathaus* war sie gesperrt. In extra dafür aufgebauten Buden gab es Krapfen, gebrannte Mandeln und Getränke. Auch Luftschlangen, Tröten, Pulverblättchen, die damalige Munition für die Cowboy-Pistolen, und Wundertüten wurden verkauft. Viktor zog es zu *Dr. Sohn*, dem Radio- und Fernsehgeschäft mit bestens sortierter Schallplattenhandlung. Die Techniker hatten wie jedes Jahr große Lautsprecherboxen auf den Vorbau des ersten Stocks gestellt und beschallten den Platz mit aktueller Musik. *Beatles*, *Stones* und die angesagten Bands der Sechziger waren zu hören und rockten die begeisterte Menge der Faschingsbesucher. Viele Feierlustige aus dem Umland kamen zu diesem einmaligen Event. Die brandneuen Songs kannte mancher nur aus dem Radio. Viktor hörte zuhause am liebsten *AFN*, den amerikanischen Soldatensender aus München, mit *Wolfman Jack*. Die von vielen als Negermusik bezeichneten Stücke trafen genau den Geschmack von Viktor. Davon würde ja heute auch einiges zu hören sein. Er bewegte sich zu den groovigen Rhythmen und gab sich voll der Musik hin. Die verkleideten Menschen um ihn herum taten dies ebenfalls und sangen die Texte mehr oder weniger gut mit, aber hauptsächlich laut. Die Stimmung war ausgelassen und fröhlich. Mit den Pumps an den Füßen musste Viktor aufpassen, nicht in die Trambahnschienen zu geraten und zu stürzen. Aber er war das Tragen von hochhackigen Schuhen gewöhnt.

Er fühlte sich heute vollkommen sicher. Niemand vermutete hinter seiner Maske einen Mann. Er war naturblond und äußerst gründlich rasiert. Das deckende Make-up und die zarte Schminke mit dem dezenten Lippenstift unterstrichen die weiblichen Züge seines Gesichtes. Ein Leberfleck auf der linken Wange kam trotz Puder immer wieder durch, na und? Seine gepflegten zierlichen Hände waren heute mit Nagellack herausgeputzt. Netzstrümpfe brachten die schlanken Fesseln und die muskulösen Waden perfekt zur Geltung. Er bot eine rundum elegante Erscheinung und war mit sich vollkommen im Reinen und ganz bei sich. Viktor sah unter den Faschingsbesuchern einige bekannte Gesichter, den Bäcker *Baur* vom Eckhaus zum *Vorderen Lech*, bei dem er gern einkaufte, die Frau vom Milchladen in der *Pfladergasse* und eine der Serviererinnen im *Café Drexl*, wo er manchmal seine Mittagspause verbrachte. Niemand schien ihn zu erkennen. War es Zufall oder nur gute Schminke? Bei der Tanzerei kam er langsam ins Schwitzen. Aus Angst, sein Make-up könnte zerlaufend und er enttarnt werden, schälte er sich aus der Menge und trat langsam den Heimweg an. Gesprochen hatte er mit niemandem. Seine Stimmlage war nicht allzu tief, sie wäre durchaus als Alt durchgegangen. Das hatte er jedoch noch nicht ausprobiert. Irgendwann allerdings wollte er es wagen.

Daheim schminkte er sich gründlich ab, verstaute die Kleidung im Schrank und schlüpfte in Bluejeans und Batikhemd. Mit Hippie-Felljacke und Peace-Anhänger um den Hals trat er wieder ins Freie, um seine Kollegen vom Amt zu treffen. Sie hatten sich am *Königsplatz* verabredet, um im *Go Go*, der damals angesagten Kellerdiskothek der *Meisinger-Brüder* in *Pfersee*, die letzte Faschingsveranstaltung für dieses Jahr zu besuchen. Bei *Old Grand-Dad*, einem feinen Kentucky-Whiskey, mit Ginger Ale und seinen Freunden verging der Abend wie im Flug, bis um Mitternacht der Fasching zu Grabe getragen wurde. Bevor er ins Bett ging, dachte Viktor zufrieden: „Heute war sein *Erstes Mal* bei Tageslicht." Der Testlauf war gelungen.

Am nächsten Tag, es war Aschermittwoch, betrat er wieder wie gewohnt sein Arbeitszimmer im Standesamt beim *Herkulesbrunnen*. Mit weißem Hemd, dunklem Anzug, Einstecktuch und seinem Markenzeichen, einer Fliege, machte er einen äußerst seriösen Eindruck, der seiner Tätigkeit entsprach. Heute war keine Trauung angesagt, nur ein paar Einträge im Geburtenregister hatte er zu erledigen.

Vier Kinder waren an den Faschingstagen zur Welt gekommen! Zur damaligen Zeit bekamen die neuen Erdenbürger bodenständige Namen wie Ferdinand, Lieselotte, Marianne oder Kaspar.

Viktor verbrachte wie so oft die Mittagspause im *Sommacal.* Bei einem Espresso ließ er noch einmal den gestrigen Tag Revue passieren.

„Ich sollte ruhig etwas mutiger werden", dachte er bei sich. Es hatte sogar tagsüber geklappt, unerkannt durch die Stadt zu spazieren.

Langsam hatte er es satt, in einem ihm fremden Körper leben zu müssen. Es fühlte sich falsch an.

Sonntagabend. Viktor hatte sich Essen gekocht und verspeiste genüsslich Zitronenhühnchen mit Gemüse, dazu ein Glas Chardonnay. Nach dem TV-Krimi mit Kommissar *Maigret* fing er an, sich für seinen nächtlichen Rundgang umzuziehen. Er war in das geblümte Kleid geschlüpft, in dem er sich immer wohlfühlte und das sein Empfinden widerspiegelte, und begann, sich zu schminken. Der Lidschatten war schon perfekt, als ein ungewöhnlicher, dumpfer Knall plötzlich zu hören war. Viktor erschrak so heftig, dass der Lippenstift nach der Hälfte des Auftragens aus der Hand rutschte und auf den Badezimmerfliesen des Bodens abbrach.

„Mist, gerade jetzt!", schimpfte er mit sich selbst.

Plötzlich nahm er einen ungewöhnlichen Geruch wahr. Woher kam der Gestank? Er sah sich um. In seiner Wohnung war alles in Ordnung.

Er riss die Tür zur Treppe auf. Beißender Rauch schlug ihm entgegen und raubte ihm fast den Atem. Panisch wollte er im ersten Moment nach unten stürmen, doch da wurde ihm schlagartig bewusst, dass er in Frauenkleidern steckte.

So und halb geschminkt konnte er doch das Haus nicht verlassen! Wirre Gedanken jagten durch sein Hirn.

Nun beging Viktor einen großen Fehler. Um frische Luft zu bekommen, riss er das Fenster zur Straße auf. Das zog den Rauch vom Hausgang erst recht durch seine Wohnung. Er vernahm von draußen Schreie und sah Menschen, die stehen blieben und entsetzt zu ihm nach oben starrten.

„Jetzt aber schnell raus da! Aus dem ersten Stock lodern schon Flammen aus den Fenstern. Beeilen Sie sich, junge Frau!", rief ihm jemand zu.

Viktor war irritiert und schon etwas benommen von den Rauchgasen. Er versuchte verzweifelt, sich zu konzentrieren. Sein Verstand gebot ihm: „Ruf die Feuerwehr!" Ohne zu zögern, stürmte er ins Wohnzimmer, griff nach dem Apparat und wählte die Notrufnummer, die der Aufkleber über der Wählscheibe zeigte. Er zwang sich, verständlich Namen und Adresse anzugeben, die der Mann am anderen Ende der Leitung wiederholte und ihm versicherte, dass er sofort Einsatzfahrzeuge losschicken würde. Er solle Ruhe bewahren. Leichter gesagt als getan.

Viktor trat nochmal ans Fenster und erkannte vor lauter Qualm die Straße nicht mehr. Die Angst kroch ihm derart in die Knochen, dass er nicht mehr klar denken konnte. Panisch rannte er aus seiner Wohnung und versuchte, durch das Treppenhaus ins Freie zu gelangen. Im ersten Stock stolperte er über einen Gegenstand, stürzte schwer die Stufen hinab und verlor daraufhin vor Schmerz und von den Rauchgasen sein Bewusstsein. Sein Leben hatte einen tiefen Riss bekommen.

Wenige Tage später im Hauptkrankenhaus. Viktor fühlte um sich völlige Dunkelheit wie in allertiefster Nacht. Doch etwas drang wie aus weiter Ferne an sein Ohr. Er vernahm den sonoren Klang einer sanften Frauenstimme und verstand zunächst die Bedeutung der ruhig gesprochenen Worte nicht. Wo war er?

Langsam kam er zu sich und öffnete vorsichtig die Augen. Gleich drückte er sie wieder zu, denn die Helligkeit einer Leuchtstoffröhre schlug ihm entgegen und tat weh. Nicht nur die, sondern auch der ganze Körper, den er jetzt spürte.

„Schön, dass Sie wieder am Leben teilnehmen. Können Sie mich hören und verstehen?", fragte ihn die freundliche Stimme.

Langsam schlug er die Augen auf. Die Krankenschwester hatte das grelle Raumlicht gelöscht, so war nur noch die indirekte Beleuchtung an, sehr wohltuend. Er versuchte angestrengt, seine Gedanken zu sortieren, doch ein ganzes Stück des „Films" fehlte ihm. Vorsichtig bewegte er den Kopf und schaute

sich um. Er war an verschiedenen Apparaten ange-
schlossen. Durch Schläuche schien Leben in ihn hin-
einzutropfen.

„Sie sind hier in guten Händen. Es war nicht si-
cher, ob Sie es schaffen würden. Aber Ihr energischer
Wille wird Ihnen helfen, wieder gesund zu werden.
Können Sie sprechen?"

Er musterte die zierliche Person, die am Bett saß
und seine Stirn mit einem feuchten Tuch kühlte.

„Ja, Schwester Lioba." Den Namen hatte er am
Schildchen auf der Schürze abgelesen.

„Was ist passiert? Ich erinnere mich beim besten
Willen nicht. Mir fehlt ein Stück Lebenszeit."

„Die Feuerwehr hat Sie aus dem Treppenaufgang
eines brennenden Hauses gerettet. Der Notarzt brach-
te Sie zu uns. Man musste Sie reanimieren. Sie hatten
eine Rauchvergiftung, links eine gebrochene Schulter,
einen kaputten Ellenbogen und eine Fraktur am lin-
ken Bein. Deshalb sind Sie teilweise eingegipst. Ihr
Leberriss wurde operiert, die Verbrennungen werden
noch manche Hautverpflanzungen erfordern. Trotz-
dem hatten Sie Glück."

„Ist noch jemand zu Schaden gekommen?"

„Nein, niemand befand sich sonst im Gebäude.
Über Sie hat jemand schützende Hände gehalten."

Viktor war fest davon überzeugt, das war Oma.

„Sie werden jetzt wieder feste Nahrung zu sich
nehmen können. Trotzdem bekommen Sie zusätzlich
zweimal täglich intravenös eine Ampulle mit Spezial-
mischung. Sie brauchen wieder Kraft. Jetzt rufe ich
erst mal den Arzt, der Sie behandelt hat. Er wird sich

freuen, Sie wach anzutreffen. Trinken sie einen Schluck Tee. Ihr Mund ist ja ganz trocken."

Vorsichtig stellte sie seine Rückenlehne senkrechter, strich ihm etwas Kakaobutter über die rissigen Lippen und reichte ihm den Becher. Mit der noch funktionierenden rechten Hand nahm er ihn entgegen, trank durstig einen Schluck und lehnte sich dann entspannt zurück. Wenigstens war sein rechter Arm in Ordnung.

Der Oberarzt betrat kurz darauf das Krankenzimmer und lächelte ihm zu.

„Na Viktor, oder sollte ich lieber Viktoria sagen?"

Irritiert sah ihn der Patient an. Angestrengt überlegte er, was der Arzt meinte.

„Leider mussten wir das schöne Kleid an der Naht aufschneiden, sonst hätten wir Sie nicht operieren können", erklärte der Arzt. „Es ging nicht anders, es pressierte! Wir haben das elegante Gewand natürlich für Sie aufbewahrt."

Ein kleiner Hauch Erinnerung stieg in Viktor auf.

„Wann war das?"

„Sie wurden Sonntagnacht zu uns gebracht. Heute ist Samstag. Wir konnten Sie wieder zurückholen! Sie leben!"

Viktors Gehirn arbeitete fieberhaft. Langsam erinnerte er sich an kurze Zeitabschnitte, der Zusammenhang jedoch fehlte. Das Nachdenken strengte ihn so an, dass er wieder in einen leichten Schlaf fiel: Er ging auf einem Weg entlang und kam an eine Gabelung. Die Abzweigung nach links war ein wunderbarer Feldweg, von beiden Seiten von betörend dufteten Wiesenblumen begrenzt. Die Straße nach rechts führte zunächst in einen düsteren dichten Wald, der ihm unheimlich erschien. Ganz am Ende sah er aber ein helles Licht. Zuerst wollte er den einladenden Weg zu den blühenden Feldern einschlagen. Aber etwas hielt ihn zurück. Das Licht von einer unbeschreiblichen Helligkeit, das er hinter dem Wald erkannte, zog ihn magisch an. Er entschied sich, trotz seiner Angst, nach rechts zu gehen und zu ergründen, was sich hinter der Dunkelheit der Baumallee verbergen würde. Je näher er kam, desto mehr durchströmte ihn Freude, Wärme und Liebe. Er meinte, seine Oma zu erkennen, die aus dem Licht auf ihn zukam.

„Viktor, mein Junge, deine Zeit auf Erden ist noch nicht zu Ende. Geh zurück und stehe zu deiner Neigung. Sei konsequent, es ist richtig. Wir sehen uns erst viel später wieder!"

Irgendwann erwachte er, der nette Arzt war an seinem Bett und lächelte ihn zufrieden an.

„Sagen Sie Viktoria zu mir, bitte. Ich bin jetzt soweit." Viktor sprach mit entschlossener Stimme.

„Sehr gerne, Viktoria. Ich werde mich noch einige Zeit um Sie kümmern müssen, bis Sie wieder fit sind und kenne eine gute Psychologin, die Sie durch diese Zeit der Veränderung begleitet. Nach der Hormonbehandlung empfehle ich Ihnen einen Spezialisten für die körperliche Umwandlung. In Ordnung?"

„Dafür bin ich Ihnen sehr dankbar. Ich werde mich nicht mehr verstecken und in der Nacht verkleidet durch Augsburg spazieren."

Gezeiten der Liebe

Es war August. Elvira holte die Post aus dem Briefkasten. Unbesehen legte sie die Sendungen auf den Einkaufskorb und nahm die Treppe nach oben. Geschafft vom Arbeitstag entledigte sie sich der Schuhe und schlüpfte in ihr Lieblingsshirt. Der Wetterbericht versprach ein sonniges Wochenende. Noch vierzehn Tage, dann würde sie Urlaub haben. Elvira arbeitete drei Tage die Woche in einem Architekturbüro und lebte seit dem Unfalltod ihres Mannes vor vier Jahren allein. Sie hatte es noch nicht übers Herz gebracht, die große Wohnung zu verkaufen und sich eine kleinere zu suchen. Zu viele Erinnerungen an die glücklichen Jahre mit Willi verbanden sie damit. Langsam jedoch freundete sie sich mit dem Umzugsgedanken an.

Die Einkäufe waren schnell verstaut und ein *Strammer Max* zubereitet. Genüsslich verspeiste sie das Abendbrot und begann bei einem Glas Hefeweißbier die Post zu sichten. Sofort fiel ihr ein handgeschriebener Brief auf. Gespannt öffnete sie den Umschlag und las die Einladung zum Klassentreffen, das alle zehn Jahre veranstaltet wurde.

Sollte sie hingehen? Wer würde noch kommen?

Letztes Mal waren gerade noch acht Mitschüler dabei gewesen. Nun gut, über vierzig Jahre nach Abitur und Studium kein Wunder. Elvira notierte sich den Termin im Kalender mit Fragezeichen.

Zwei Wochen später begann ihr erstes Urlaubswochenende. Der Entschluss, zum Klassentreffen zu fahren, stand fest. Somit stellte sich die Kleiderfrage. Der Spiegel zeigte an Elviras Bauch unbarmherzig einen schmalen mittleren Ring, den man sonst in München findet, sowie einige Dellen an den Oberschenkeln, jedoch bedeutend weniger als auf einem Golfball. Im Großen und Ganzen war sie mit ihrer Figur zufrieden. Sie entschied sich für das hellblaue Etuikleid von *Riani*, das weiße Bolero und die neu erstandenen Sommerschuhe von *Salvatore Ferragamo*. Den Anhänger mit dem kleinen Aquamarin, den sie dazu immer trug, legte sie ebenfalls für den morgigen Samstag bereit.

Am frühen Nachmittag nahm Elvira die S-Bahn von *Geltendorf* nach München. Vor dem Treffen im alten Stammlokal in *Schwabing* wollte sie noch etwas bummeln. Das Gedränge in der Fußgängerzone erforderte ihre ganze Aufmerksamkeit. Plötzlich wurde sie in einer Gruppe Asiaten mitgeschwemmt, die einer Fremdenführerin mit aufgespanntem Schirm hinterhereilten.

„Foto, please!", sprach sie vor dem Rathaus ein Japaner an, der ihr seine *Nikon* vor die Nase hielt und sie freundlich angrinste. Nachdem sie mehrere Aufnahmen gemacht hatte, verbeugte sich der Tourist vor ihr mit gefalteten Händen und dankte mehrmals. Elvira hatte bald genug von der Innenstadt und nahm die nächste Bahn zum vereinbarten Lokal.

Die Spannung stieg. Wen sie wohl wiedersehen würde? Monika hatte wieder die Organisation des Treffens vorgenommen und es war für sie schwierig, die Adressen ausfindig zu machen. Viele der ehemals achtundzwanzig Schülerinnen des Abiturjahrgangs und einige Kommilitonen vom Studium hatten geheiratet, waren ins Ausland gegangen oder nicht zu ermitteln. Manche waren am Termin verhindert, wieder andere zeigten kein Interesse mehr.

Im Lokal angekommen, nahm Elvira am reservierten Tisch im Garten Platz und bestellte Espresso. Keine zehn Minuten später bog auch schon Moni um die Ecke. Sie trug eine bunte Tunika, weiße Caprihosen und Slingpumps. Unter einem feschen Strohhütchen glänzten kurze rote Haare hervor. Herzlich begrüßten sich die beiden. Sie mochten sich schon immer. Elvira erfuhr sofort, dass Liselotte und Jutta kommen wollten. Auch Rita hatte sich angemeldet. Robert und Günther konnten erst etwas später dazu stoßen, Barbara war im Urlaub in der Karibik und Michael auf Lesereise unterwegs.

„Mehr werden wir wohl heute nicht", meinte Monika.

„Immerhin!", antwortete Elvira.

„Dank deines unermüdlichen Einsatzes. Wenn nicht du, wer sonst würde sich drum kümmern, dass wir uns nicht ganz aus den Augen verlieren."

„Mach ich doch gern. Schau mal, da kommt Jutta, oder ist sie das etwa nicht?"

Perfekt gebräunt, elegant gekleidet und mit passendem Make-up setzte sich Jutta zu ihnen.

„Hallo, schön euch zu sehen. Was sagt ihr zu meinem neuen Gesicht? Zornesfalten und Krähenfüße unterspritzt, Lider und Schildkrötenhals gestrafft, Fett abgesaugt und um zwei Kleidergrößen schlanker. Hat eine Stange Geld gekostet, aber meinem Lover bin ich das wert. Gerry vergöttert mich, im Gegensatz zu meinem ersten Mann, dem Geizkragen."

Ohne eine Antwort abzuwarten, erzählte sie vom letzten Wellness-Urlaub in *Thailand*, der Safari in *Südafrika* und der Promi-Skiwoche in *Aspen*. Gerry hatte vor, auf der Bootsmesse in Düsseldorf einen neuen *Daycruiser* zu bestellen, anscheinend ein *must have* in seinen Kreisen.

Juttas Redeschwall wurde jäh unterbrochen, als Liselotte auf die Gruppe zukam, gekleidet mit einem attraktiven Dirndl und hochgesteckten Locken. Sie sah aus wie das blühende Leben. Jutta begutachtete sie von oben bis unten und stellte fest, dass es die Natur mit Lilo gut meinte — und das mit 60 plus. Die Mädels unterhielten sich so angeregt, dass sie kaum bemerkten, wie Robert und Günther an ihren Tisch traten. Mit großem Hallo wurden die beiden Jungs umarmt. Da bog auch schon Rita um die Ecke.

„So, nun sind alle da! Ich schlage vor, wir bestellen jetzt etwas Feines zu essen. Eine Runde Aperitif zur Begrüßung geht auf mich!" Monika winkte den Kellner an den Tisch. Die Jungs waren eher für Weißbier zu begeistern. Verständlich.

Je nach Gusto wurden Teller voller Leckereien genüsslich verspeist. Die Gespräche drehten sich um Familie, Arbeit, Reisen und die Situation des bevorstehenden Ruhestands. Es gab viel zu erzählen, nachdem sie sich zuletzt vor zehn Jahren getroffen hatten.

„Wann gedenkst du denn aufzuhören, Elvira? Arbeitest du immer noch in *Germering* bei dem Architekten?", fragte Robert.

„Ja, aber nur solange, bis mein Nachfolger eingearbeitet ist. Nächsten Januar werde ich dreiundsechzig, dann ist Schluss."

„Was hast du dir danach vorgenommen?", wollte Jutta wissen.

„Eine kleinere Wohnung suchen und Reisen unternehmen. Hab noch nicht viel von der Welt gesehen."

„Da kann ich dir prima Tipps geben. Du solltest mal nach ..."

Jutta bemerkte, dass ihr Elvira gar nicht mehr zuhörte und verstummte beleidigt.

Diese schaute total verklärt Richtung Eingang. Ein Strahlen erleuchtete ihr ganzes Gesicht. Die Augen waren geweitet, ein seliges Lächeln umspielte ihren wohlgeformten Mund. Langsam erhob sie sich vom Stuhl. Auch die anderen Gespräche verstummten, und alle blickten in die gleiche Richtung.

Da kam Paul. *Paul!*

Schlaksig, durchtrainiert und fröhlich steuerte er auf die alten Freunde zu.

„Na, da staunt ihr, was? Mit mir hätte wohl keiner gerechnet. Darf ich mich zu euch setzen? Elvira, ist es gestattet?"

Vollkommen verdattert bot sie ihm den frei gewordenen Stuhl neben sich an. Moni war weitergerutscht. Die Freundin wusste ja von damals.

„Natürlich! Wo in aller Welt hast du all die ganze Zeit gesteckt? Wie lange ist es her, dass wir uns ..."

„Genau sechsunddreißig Jahre und fünf Monate. Die Tage weiß ich nicht mehr. Komm, lass dich mal drücken!"

Paul umarmte sie und strich ihr sanft über den Rücken, was eine Ganzkörper-Gänsehaut verursachte.

Paul, ihre Studentenliebe, war da!

Schlagartig kamen die Erinnerungen zurück:

Die Kneipenabende mit der Clique in *Schwabing*, die oftmals genau hier in diesem Lokal endeten, die Discobesuche im *P1*, die Nachmittage im *Englischen Garten* und der erste scheue Kuss am *Monopteros*.

Paul studierte ebenfalls Architektur, war schon im fünften Semester, als sie sich kennenlernten. Elvira bewunderte sein Gespür für Formen und Proportionen, das sich in den Entwürfen widerspiegelte. In ihren Augen war er genial und der geborene Architekt. Sie bewunderte ihn nicht nur, sie war in ihn verliebt. Er schätzte an Elvira die ehrliche Herzlichkeit und ihre unaufdringliche Art. Beide lagen auf derselben Wellenlänge und waren richtig gute Freunde. Paul mochte sie wirklich gerne, sprach jedoch nicht von Liebe. Elvira akzeptierte das, wenn auch traurig.

Nach seinem Abschluss bekam Paul eine Anstellung in Hamburg bei dem großen Büro, wo er ein Praktikum absolviert hatte. Die handgeschriebenen Briefe wurden im Laufe der Zeit kürzer und letztendlich durch immer spärlicher eintreffende Postkarten ersetzt. Trotzdem freute sie sich stets zu erfahren, wo er sich gerade in der Welt rumtrieb.

Elvira hatte nach ihrem Examen eine Stelle in München angetreten. Nach kurzer Zeit lernte sie ihren späteren Mann kennen. Willi war eine attraktive Erscheinung, sportlich und, wie es früher hieß, aus gutem Hause. Er leitete ein Immobilienbüro und vergötterte sie. Drei Jahre später wurde geheiratet und sie zogen in das westliche Münchener Umland. Irgendwann hatten sie akzeptiert, keine Kinder zu bekommen und ihr Leben danach eingerichtet.

Die Urlaubsreisen führten im Sommer nach Italien und Frankreich, im Winter nach Österreich und in die Schweiz. Beide verband die Liebe zu Natur, Kunst und Literatur. Dies spiegelte sich auch in ihrer Wohnung in *Geltendorf* wider. Bescheidener Wohlstand erlaubte es, einige Aquarelle zeitgenössischer Maler zu erstehen und in Bücher zu investieren. Die kleine Dachterrasse zeigte die Vorliebe zu mediterraner Vegetation und wurde als ruhiger Rückzugsort ausgiebig genutzt.

Nach Willis plötzlichem Unfalltod stand Elvira allein da mit ihrer Trauer. Wenigstens hatte sie keine finanziellen Sorgen und die Arbeit brachte Abwechslung. Chef und Kollegen waren sehr einfühlsam. Auch Monika kümmerte sich um sie und ihre Seele, so gut sie konnte. Dafür war Elvira dankbar. Inzwischen hatte sie sich mit dem Singledasein abgefunden, obwohl ihr natürlich Willi fehlte.

Und nun stand auf einmal wieder Paul vor ihr. Paul! Elvira musterte ihn interessiert und spürte die alte Vertrautheit sofort wieder. Ihr Herz pochte aufgeregt. Der Abend verflog im Zeitraffer.

„Wenn es euch recht ist, werde ich in fünf Jahren die nächsten Einladungen zum Klassentreffen versenden, denn wir werden nicht jünger!", unterbrach schließlich Moni die Unterhaltungen.

„Gute Idee. Paul, woher wusstest du eigentlich von unserem Termin heute?", fragte Jutta interessiert.

„Ganz einfach, über *Facebook*. Ich hab gerade in München zu tun und wollte euch überraschen."

„Das ist dir wirklich gelungen", pflichtete ihm Elvira bei.

Der allgemeine Aufbruch begann, und alle verabschiedeten sich voneinander.

„Wo hast du dich einquartiert, Paul?", wollte Elvira wissen.

„Gleich in der Nähe in einem Hotel garni. Ich bringe dich noch zur Haltestelle. Was hast du morgen geplant?"

„Ich will an den *Ammersee* fahren. Hab ja Urlaub. Willst du mich begleiten?"

„Gerne."

Sie machten den Treffpunkt in *Herrsching* aus und wünschten sich eine gute Nacht.

Davon konnte jedoch keine Rede sein. Elvira war so aufgewühlt, dass sie keinen Schlaf finden konnte.

Pünktlich hielt die S-Bahn in *Herrsching*. Elvira hatte maisgelbe Chinos angezogen, eine petrolfarbene Sommerbluse und eine leichte Strickjacke um die Schultern gelegt. In bequemen Sneakers nahm sie den Fußweg zum Italiener am Seeufer.

Sie entdeckte Paul sofort auf der Terrasse.

„Schön, dass du da bist, Elvira. Ich freue mich!"

„Ich auch."

Da kam auch schon Salvatore an den Tisch, der freundliche Kellner.

„Oh, Signora Elvira! Ware sie schon lange nichte mehr bei uns. Wie immer?"

„Wie immer, und das ist mein lieber Studienfreund Paul."

Die beiden Herren schüttelten sich die Hände.

„Piacere."

„Angenehm. Du bist wohl hier Stammgast?"

„Stimmt. Mit Willi war ich früher oft hier."

Sie schickte einen traurigen Blick zum Himmel.

„So Paul, erzähle mir mal in Ruhe, wie es dir ergangen ist."

Sie strahlte ihn wieder an wie gestern. Paul berichtete vom aufregenden Leben und den Stationen seiner Arbeit in Amerika und Australien.

Die Eltern waren kurz nacheinander im letzten Frühjahr verstorben und hatten ihrem einzigen Sohn die kleine Pension in *Friedrichskoog* vererbt. Das war der Grund für seine Rückkehr nach Deutschland. Er hatte noch ein Projekt in München abzuschließen und wollte sich danach an die Nordsee zurückziehen.

„Was sind denn deine Pläne, Elvira?", fragte er, nachdem er über ihr Leben erfahren durfte.

„Ich bin auf der Suche nach einer kleineren Wohnung und möchte dann nur noch genießen. Ein paar Reisen wären schön. Jetzt genieße ich erst mal drei Wochen Urlaub."

„Ich bleibe noch zwei Tage in München. Dann ist mein Projekt abgeschlossen, und ich mache mich an die Renovierung der Pension. Ich will sie in jedem Fall weiterführen und plane einen Internetauftritt und ein Gästeprogramm mit Kitesurfen, Segeln und Ausflügen zur nahen Seehund-Aufzuchtstation. Was sagst du nun?"

„Da hast du dir was vorgenommen. Hört sich nach Arbeit an."

„Erinnerst du dich noch an deinen Campingurlaub bei *Brunsbüttel* gleich hinter dem Deich? Nach einer Woche Regen und Sturm hattest du genug von der See und bist abgereist."

„Natürlich. Seitdem war ich nie mehr im Norden."

„Dann wird es Zeit, das nachzuholen. Ich fahre am Mittwoch zurück und lade dich herzlich ein. Du hast ja Urlaub. Magst du mich begleiten?"

„Warum nicht. Ich habe nirgends gebucht und bin schon ein wenig neugierig. Ist es dir auch wirklich recht?"

„Hätt ich dich sonst gefragt?"

Der Ausflug zum *Ammersee* endete mit einem köstlichen Abendessen bei Salvatore mit hausgemachter Pasta, gegrilltem Fisch und Salat. Zum Dessert reichte er *Panna Cotta*.

Dienstagabend klingelte das Telefon bei Elvira.

„Pack mal genug ein, du kannst bleiben, solange du willst. Morgen um sieben Uhr hol ich dich ab. Also, schlaf gut!", sagte Paul.

„Du auch."

Sie war aufgeregt wie ein junges Mädchen, das erstmals in den Urlaub fahren durfte. Die Gedanken drehten sich nur noch um Paul.

„Was soll das? Du bist zweiundsechzig und verliebt wie ein Teenager." Ihr Verstand mahnte, ihr Herz aber hüpfte.

Sie regelte das Homesitting mit der freundlichen Nachbarin und legte das Gepäck zurecht.

Ankunft in *Friedrichskoog.*

„Wie viele Zimmer sind es denn?", fragte sie Paul, als er sie in den oberen Stock führte.

„Es sind acht Gästezimmer, ein Frühstücksraum und ein Aufenthaltsbereich mit großer Terrasse. Hier hast du die beste Aussicht auf die See." Er zeigte auf den Raum *Möve* und öffnete die Tür.

„Na, was sagst du? Mach es dir schon mal bequem, bin gleich wieder da. Nach der langen Fahrt hol ich uns drüben beim Fischer *Fietje* Krabbenbrötchen und frisches Bier." Elvira sah sich um. Das gefiel ihr.

Nach dem Abendbrot schlief sie selig ein.

Am nächsten Morgenstieg ihr der Duft von frisch gebrühtem Kaffee in die Nase. Nichts wie raus aus den Federn! Nach einer Katzenwäsche betrat sie den Frühstücksraum und wurde mit einem warmen Kuss begrüßt, den sie zärtlich erwiderte.

„Komm, setz dich. Ich hab schon frische Brötchen besorgt und Croissant. Die Konfitüre ist noch von Mutti, selbstgemacht."

Nach dem ausgedehnten Frühstück zeigte ihr Paul das Anwesen und lud sie zu einem Rundflug ein. In Amerika hatte er den *PPL*, den Privatpilotenschein, erworben und die Lizenz in Deutschland umschreiben lassen. Am Flugplatz *Heide-Büsum* charterte er eine *Piper* und zeigte ihr seine Heimat von oben. Großartig. Elvira war beeindruckt!

Am Abend während des gemeinsamen Kochens fragte Paul:

„Sag mal, Elvira, könntest du dir vorstellen, mir zu helfen und — vielleicht ganz bei mir bleiben? Ich bin mir jetzt absolut sicher, ich liebe dich und möchte dich bei mir haben."

Sie ließ die Kartoffel fallen, die sie gerade schälen wollte und küsste ihn innig. Freudentränen kullerten über ihre Wangen, ihr Glück war nicht zu übersehen.

„Gut, dass du mich endlich gefragt hast, Paul."

Erkenntnis

Die Uhr zeigte zehn Minuten vor Unterrichtsbeginn. Ich schlüpfte in den Klassenraum. Heute war der letzte und spannendste Abend des Volkshochschulkurses. Ich war wahnsinnig neugierig. Alle anderen Teilnehmer bestimmt auch.

Nach der Begrüßung des Dozenten erwarteten wir die Begutachtung unserer Arbeiten. Voriges Mal hatte er uns einen Text diktiert, den wir auf einem leeren DIN A4 Papierbogen niederschreiben sollten, zusätzlich nur mit Angabe von Geschlecht, Alter, Schulbildung und einer Nummer versehen. Anfangs hatte natürlich jeder versucht, so schön wie möglich zu schreiben. Irgendwann aber, so ab der unteren Hälfte des Blattes, war dann doch die eigene Handschrift zu Tage getreten.

Der Kurs hieß: *Was sich aus Handschriften lesen lässt.*

Unser Dozent hatte für uns Briefe von prominenten Personen und Dichtern kopiert und die Unterschiede von Schriftrichtung, -größe, -enge und -breite, sowie Ober- und Unterlängen erklärt. Er wurde oft zu Rate gezogen, um die Erfolge von Therapien bei Strafgefangenen anhand der Niederschriften zu beurteilen. Mit seiner jahrzehntelangen Erfahrung brachte er uns viel bei. Seine Ermahnung jedoch lautete, dass keiner von uns sich nach diesem Kurs zutrauen sollte, jemanden zu beurteilen.

Der Moment war gekommen und die 18 Kopien jedes Diktats wurden verteilt.

„Nehmen wir uns mal die Bögen vor", begann er. „Wenn sich anschließend jemand dazu freiwillig äußern möchte, würde ich mich freuen."

Irgendwann kam Nummer vier dran, mein Diktat. Was würde es ans Licht bringen?

Ich war gespannt wie ein Flitzebogen und hatte das Gefühl, meine Wangen glühten mehr als vorher. Hatte das wohl jemand bemerkt?

„Die Schreiberin dieses Textes", begann er, „schätze ich folgendermaßen ein: die Anfangsdruckbuchstaben der Hauptwörter lassen auf einen technischen Hintergrund schließen. Aber schauen Sie auf die schwungvollen Unterlängen. Diese deuten auf eine starke Erdung und eine künstlerische Ader hin. Die leichte Schräge der Schrift nach rechts ist Ausdruck für Extrovertiertheit. Die Schreiberin kann gut auf Menschen zugehen, liebt die Harmonie. Die flüssige, weite Schrift zeigt Freigiebigkeit."

Er erläuterte noch einige Besonderheiten.

Was mich verblüffte, war die Erkenntnis:

„Sie geht einem technischen Beruf nach, den sie zwar sehr gut ausübt und in dem sie versucht, 200% zu geben, aber es ist nicht das, was ihr wirklich liegt. Das Künstlerische, Kreative fehlt in der technischen Welt. Eine grafische Ader ist zu spüren und schreit förmlich nach Ausdruck! Vielleicht findet die Teilnehmerin einen Weg, sich in dieser Sparte beruflich zu etablieren oder zumindest in der Freizeit diesem Hobby zu frönen. Es wäre schade um die Begabung, die da schlummert und ans Tageslicht drängt.

Falls sich jemand dazu äußern will, wäre ich sehr gespannt auf ihren Beruf."

Ich fühlte mich ertappt, total durchschaut wie ein gläserner Mensch. So war mir das noch nie bewusst geworden. Er hatte Recht. Ich musste mich outen und stand auf.

„Ich bin total verwundert, was meine Schrift über mich offenbart hat. Es stimmt alles."

„Was machen Sie beruflich?"

„Ich habe nach dem Gymnasium eine Lehre im elterlichen Betrieb gemacht und lernte Radio- und Fernsehtechnikerin."

„Und was machen Sie heute?"

„Ich berate im Außendienst Konstrukteure im technischen Bereich, werde von der Männerwelt akzeptiert und habe treue Kunden."

„Sind Sie denn auch künstlerisch tätig?"

„Nun, ich habe Töpferkurse besucht, schnitze gerne Figuren aus Zirbelkiefer und zeichne ein wenig."

„Vielleicht finden Sie mal Ihren Beruf und Ihre Berufung! Ich wünsche es Ihnen."

Einige Jahrzehnte später und nach verschiedenen Stationen, durfte ich den Beruf ausüben, für den ich brannte und der von meiner technischen und künstlerischen Begabung profitierte: Küchen planen, das Zentrum in jedem Haus, wo sich das Leben abspielt. Schön, oder?

Das tat ich bis zum Rentenbeginn. Inzwischen habe ich noch einen weiteren Ausdruck meiner Kreativität gefunden: *Schreiben von Geschichten.*

Der Hennaschlupf

Wenn ich an meine Kindheit denke, fallen mir immer wieder Begriffe ein, die man heute fast nicht mehr zu hören bekommt. In der Schule lernt man Hochdeutsch sowie die ein oder andere Fremdsprache. Mittlerweile ist auch Dialekt für manche schon fremd. Damit die netten und lustigen Wörter unserer Heimat nicht in Vergessenheit geraten, will ich hier einige aufschreiben. Die Bedeutung mag je nach Gegend und Dorf unterschiedlich ausfallen. Ich erkläre sie so, wie sie bei uns im Augsburger Raum gesprochen wurden.

So in der folgenden Geschichte:
Marias Großeltern bewirtschafteten als Rentner ein kleines Anwesen im nördlichen Landkreis Augsburg. Wiesen und Felder waren zum Teil verpachtet. Opa hielt noch zahlreiche Hühner und Enten. Natürlich gehörte auch ein Hund dazu, ein Foxterrier. Der Nachbar gegenüber war Landwirt und Milchbauer und hatte drei Buben. Maria und ihre jüngere Schwester Jule hielten sich dort am liebsten im Kuhstall auf zum Ausmisten, Füttern und Melken, zur Erntezeit natürlich auch beim Kartoffelfeuer oder zum *Heimanndala* aufstellen, also das mit der Sense gemähte Gras zum Trocknen auf leiterartige Holzgerüste häufen, die zu Pyramiden zusammengestellt wurden. Gegen den Durst hatten sie von der Großmutter Essigwasser mit aufs Feld genommen.

Ein erhebendes Gefühl war es zum Beispiel, nach dem Einbringen des duftenden *Omed* – das ist der zweite Heuschnitt – oben auf dem Wagen vom Feld heimfahren zu dürfen.

Staubig kamen sie abends zurück, wenn sie beim Nachbarn zuschauten, wie im Stadel das *Droid*, das Getreide, gedroschen wurde. Mähdrescher gab es zu der Zeit nicht. Erst viel später wurde ein Maschinenring gegründet, wo gemeinschaftlich Spezialgeräte angeschafft und an die Mitglieder verliehen wurden.

Am besten gefielen den Mädchen natürlich neugeborene Tiere, egal ob *Biberla*, also Küken, oder *Schlickerla*, Entchen, geschlüpft waren, kleine Kätzchen aus ihrem Versteck gekrabbelt kamen oder ein Kälbchen geboren wurde. Für Stadtkinder waren es perfekte Ferien auf dem Land.

Das als Vorgeschichte zum eigentlichen Teil meiner Erzählung. Es geht um fast vergessene Worte aus dem mir noch sehr vertrauten Dialekt.

„Ja wia kommsch denn du derher? Hosch dir mea da Bilmas anghaut? Des weard an scheana Platschare geaba. Kaum isch d`Ruuf am Knia verheult, bisch wieder in a Badschlach gfloga. Kannsch glei ds dreggade Gwand auszieha und in`d Waschkich lega. Und d`Händ duasch o wascha, es gibt dann glei an Oirhaber.“

So hörte sich öfters die Begrüßung von der Oma an, wenn Jule nach der Radltour zurückkam.

Als *Bilmas* wird der Kopf bezeichnet, den sie sich beim Sturz vom Rad aufgestoßen hatte.

Die Bezeichnung *Platschare* konnte eine Beule genauso sein wie auch ein weit ausgedehntes Herpesbläschen an der Lippe oder einfach eine Wunde.

Die *Ruuf* bedeutet nichts anderes als ein vertrockneter Schorf.

Eine Pfütze wird als *Batschlach* bezeichnet. Es gibt auch eine *Mischdlach*, die auf Hochdeutsch Jauche heißt und mit dem Odelfass als Dünger auf den Feldern verspritzt wird. Nun, das passt jetzt nicht gerade zum Essen, denn der *Oirhaber* ist ein Kaiserschmarrn. Bei manchen ohne *Weinbeerla* und Puderzucker, sondern mit Kartoffelsalat, für die Kinder mit Marmelade oder Kompott, je nach Jahreszeit.

Immer montags wurde im großen Kessel Wasser aufgeheizt. In der Waschküche gab es den Pumpbrunnen, die einzige Wasserstelle im Anwesen, diverse Zinkeimer und ein großes Badeschäffle von der Firma *Zeuna* hing an der Wand, denn sein Einsatz war nur samstags. Vor dem Fenster stand ein Holztisch, natürlich vom Opa angefertigt, mit einer etwas schrägen Arbeitsplatte und unten aufgekantet, damit sich das Wasser darin sammeln und dann seitlich ablaufen konnte. Von der Seifenlauge war das Holz im Laufe der Zeit hellgrau geworden. In einer emaillierten Blechschüssel wurden die Wurzelbürste und ein Stück Kernseife von *Sunlicht* aufbewahrt. An einem Haken an der Holztür hing das Stoffsäckchen mit *Glubberla*, also Wäscheklammern. Die ganz alten hatte Marias Großvater selbst hergestellt. Sie waren nichts anderes als zum V gespaltene Rundhölzchen, oben mit Draht zusammengehalten, um nicht ganz auseinanderzubrechen. Erst später wurden welche mit Metallfedern nachgekauft. Weil Wäschewaschen eine zeitintensive Angelegenheit war, fiel das Essen an diesen Tagen immer sehr einfach aus. Meistens gab es leere Rohrnudeln aus Hefeteig, die Oma gut vorbereiten konnte. Manchmal wurde dazu auch Sauerkraut gereicht. Das war in einem großen Fass immer vorrätig und natürlich selber angesetzt.

Die *Speis,* einen winzigen Vorratsraum, konnte man nur von der Küche aus betreten. Für frische Luft sorgte ein mit Fliegengitter bespanntes, kleines Fenster unter der Decke. Der Fußboden bestand aus festgetretenem Lehm. Ein einziges Holzregal hielt all die Köstlichkeiten bereit, die Oma im Laufe des Jahres hergestellt hatte. Gläser mit Marmeladen von sämtlichen Obstsorten aus dem Garten sowie Kompott und Eingemachtes aus dem Gemüsegarten präsentierten sich stolz auf den Brettern. Die Früchte des Birnbaumes im Schulgarten musste man ersteigern, wollte man wohlschmeckende Wasserbirnen zum Einkochen bekommen. Der Großvater schaffte es fast immer trotz des geringen Budget. Oma stockte es mit ihrem *Michele* auf, denn einen Birnbaum hatte sie nicht im eigenen Hof.

Als *Michele* bezeichnet man heimlich erspartes Geld, von dem sonst niemand weiß. Oft war auch ein Stück *Gselchts,* also Räucherspeck, an der Decke aufgehängt. So hoch kam der Hund nicht hinauf. Natürlich durften der Schmalztopf aus blaugrauer Keramik, Grieben, Brot und im Winter die Eier nicht fehlen, die in einem roten Emaille-Eimer mit Deckel im sogenannten *Wasserglas*, einer gallertartigen hellen Flüssigkeit, haltbar gemacht wurden. Diese Eier verwendete man zum Kochen und Backen. Die Hennen legten bei der Kälte nicht so viel *Gaggala* und einen Kühlschrank gab es damals nicht.

Am Samstag war Baden angesagt, und das tat not. Die Kinder hatten gewürfelt, wer nach ihrem Opa als Nächstes ins Wasser durfte, denn das hat man nicht gewechselt, bis der Letzte fertig war.

Oma bereitete in der Zwischenzeit Nudelteig für den Sonntag vor und rollte ihn mit dem *Warglholz* dünn aus. Die handgeschnittenen Nudeln hingen zum Trocknen über den mit Geschirrtüchern ausgelegten Stuhllehnen.

Die Küche war recht spärlich eingerichtet. Sie bestand aus einem Herd, darunter eine breite Schublade mit den Holzscheiten. Das *Wasserschiffle*, eine bündig eingelassene Blechwanne mit Deckel, war schon recht verkalkt, sorgte aber für warmes Wasser, wenn geheizt wurde. Am Ofenrohr hingen rundum Metallstäbe, ähnlich einem halben Regenschirmgerippe ohne Bespannung, zum Trocknen von Geschirrtüchern und Socken.

In der Mitte stand der Tisch mit Schublade, in der sowohl das Essbesteck als auch die Schüssel mit dem groben Salz aufbewahrt wurden. Die beiden Stühle waren natürlich vom Großvater selbst gefertigt worden. Neben dem Herd befand sich eine Sitzbank mit Klappdeckel, darin alte Zeitungen zum Anheizen. Das

Prunkstück des Raumes war die Anrichte mit Glasaufsatz. Dort wurden Gläser und das spärliche Porzellan, zum Teil mit Blümchenmuster und Goldrand, aufbewahrt sowie die Zuckerdose, in der Oma ihr *Michele* für besondere Notfälle aufbewahrte. Für Zucker hatten sie einen Streuer. An der Wand hing ein Holzregal mit einer Hakenleiste, davor ein handbesticktes Leinentuch mit dem Spruch *Trautes Heim, Glück allein.* Das verstand Maria damals nicht, denn Glück wollte sie immer mit anderen teilen. Über dem Tisch verbreitete eine Lampe mit rundem Blechschirm spärliches Licht aus einer 40 Watt Glühbirne. Daneben hing ein Fliegenfänger, das war ein Pappzylinder in der Größe einer Fadenspule, aus der man einen klebrigen, honigfarbenen Papierstreifen wie eine Spirale herausziehen konnte, an dem Insekten haften bleiben sollten. Einmal kam Maria diesem Streifen mit ihren Haaren zu nahe. Das ziepte, als sie sich von dem klebrigen Zeug befreien wollte. Es gelang ihr nicht. Oma griff schließlich zur Schere. Marias Zöpfe wurden dadurch noch dünner als sie schon waren!

Während der Woche spielte sich in der Kich das Leben ab. Nur Sonntagmittag wurde das Wohnzimmer zum Essen aufgesperrt.

Nach der Messe in der Pfarrkirche im Oberdorf und der *Gmoi*, wo vom Gemeindediener wichtige Neuigkeiten, Versammlungen der Ortsvereine und sonstige Ankündigungen verlesen wurden, war der Laden beim *BMA* – Abkürzung für Bernhard Müller Augsburg – neben der Kirche für eine halbe Stunde geöffnet. Man kann sich heute gar nicht mehr vorstellen, wie in einem so kleinen Dorf außerdem noch zwei Geschäfte, ein *Spar* und ein *Gubi*, überleben konnten.

Wenn die beiden Mädchen besonders brav gewesen waren, hatte Oma ein paar *Zehnerle* oder gar ein *Fuchzgerle* springen lassen. Für den Großvater sollten sie jedenfalls ein Päckchen *Salem Nummer 6* mitbringen, die filterlosen Zigaretten in der grünen Papierverpackung. Sehr lange überlegten Jule und Maria, was sie für sich kaufen wollten. Selten gaben sie es aus für die quadratische Kokosschokolade, sie hieß *Romy*, oder Kaugummi, der auf der warmen Ofenplatte so wunderschöne Blasen warf und stank, sondern meistens für Brausepulver mit dem Aufdruck *Ahoi* und einem Matrosen drauf. Die Schleckerei war in den Geschmacksrichtungen Waldmeister, Himbeere und Orange zu bekommen und nicht so teuer, damals etwa fünf Pfennig. Aus der Tüte direkt auf die Zunge — das war ein Prickeln! Daheim wurde der Rest in ein Glas geschüttet und mit dem Brunnenwasser vermischt. Mit wenig Wasser schmeckte es süß, aber das Pulver war schneller verbraucht, mit viel schmeckte es fast nur nach gefärbtem Wasser, aber der Vorrat hielt länger. Diese kleinen Freuden teilten die Schwestern oft mit den Nachbarskindern.

In den Ferien war es unter anderem Marias Aufgabe, die Hühner zu füttern, abends die *Oier* aus den Nestern zu holen und den *Hennaschlupf* zu schließen. Der Stall war an Opas Werkstatt angebaut, hatte einen kleinen Vorraum, wo der Weizen aufbewahrt wurde, und durch eine zweite Tür gelangte man in den *Hennaschdall*. Ein Regal aus Nestern mit Gipseiern drin sollten die Hennen zum Legen anregen. Schlafstangen waren an der anderen Wand in unterschiedlichen Höhen angebracht. Die Großeltern hatten immer einen Gockel und mehrere Hennen. Zur Unterscheidung bekamen die Küken des neuen Jahrgangs Fußringe einer anderen Farbe. Oma wollte keine Tiere, die älter als drei Jahre waren. Diese kamen in die Suppe. Angeblich war sie gut. Die Kinder wollten davon nicht probieren, denn jede Henne kannten sie beim Namen und hätten niemals davon essen können. Mit Schmalzbrot und Schnittlauch waren sie zufrieden.

Was hatte es nun mit dem *Hennaschlupf* auf sich? So wurde die kleine Falltüre am Ausgang des Hühnerstalls genannt, die mit einem Kälberstrick über eine Umlenkrolle bewegt wurde, ohne dass man das Hennagärtle betreten musste. Da war es meistens dreckig. Die Tiere durften dort scharren, was das Zeug hielt, und nach einem Regenschauer verwandelte sich die Erde in puren *Baatz*. Sie wissen, was ich meine. Also nichts mit sauberen Fußsohlen.

Eines Abends jedoch, die Mädchen kamen spät vom Rübenhacken auf dem Feld zurück, hatte Maria vergessen den *Hennaschlupf* zu schließen.

Das ist ihr später nie wieder passiert!

Denn am nächsten Morgen wurden die Kinder von einem entsetzlichen Schrei aufgeweckt. Bei Sonnenaufgang ging Oma stets im Nachthemd aus dem Haus, um die Tiere rauszulassen. Sie hatte entdeckt, dass der *Schlupf* offen stand und betrat durch die innere Tür den Stall. Ein Blick genügte, um zu sehen, was passiert war. Das Anwesen lag gleich neben dem Wald, dem die Hühner täglich einen Spaziergang abstatten konnten.

Wie der *geölte Blitz* war Maria mit ihrer Schwester nach Omas entsetzlichem Schrei in den Hof gerannt. Unter Tränen schrie sie die Enkelinnen an:

„Do, schaut eich ganz genau a, was dr Fuchs angrichtet hot. Des kommt drvo, wenn ma obends da Hennaschlupf net zuamacht."

Im Stall sah es fürchterlich aus nach dem Gemetzel, überall Blutspritzer bis zur Decke hoch, Federn und tote Hennen lagen herum. Der Fuchs hatte ganze Arbeit geleistet.

Mit tränenüberströmten Gesichtern und hängenden Köpfen trabten die beiden Mädchen zurück ins Haus. An Weiterschlafen war nicht mehr zu denken.

Großvater erklärte Maria beim Frühstück, was sie zu tun hatte. Im Oberdorf gab es einen Bauern, der eine Kalkgrube besaß. Sie schnappte sich einen Kübel und die Ledertasche und radelte im Stehen erst zum Bäcker, der neben der Kirche seinen Laden hatte, um einen *Drei-Pfund-Kipf*, also Laib Mischbrot zu kaufen. Mehr Auswahl gab es damals nicht, und Brezen nur an bestimmten Tagen. Beim *Gubi* besorgte sie Zucker und ein halbes Pfund Nägel.

Anschließend suchte sie den Hof des Bauern, wie

ihn Opa beschrieben hatte, lehnte das Rad an den Jägerzaun und öffnete das Hoftor. Wie der Blitz schoss ein großer Schäferhund auf sie zu und bellte laut. Vor Hunden hatte sie keine Angst und beruhigte ihn sofort. Er ließ von ihr ab und lief schwanzwedelnd zu seinem Herrn.

„*Ja wem ghearsch nocher du?*", wurde Maria begrüßt.

„*I bins Ferienkind beim Quirin und soll an Kalk holla, hot dr Opa gsagt.*"

„*So, weard gweißlt?*"

„*Ja, der Hennaschdall kommt dra. I hab da Schlupf net zuagmacht. Dr Fuchs war heit Nacht drin.*"

„*Hot ma dr dann ds Fidla recht versohlt?*"

„*Na, des net, aber Dogganandl, Glugger und ds Halma sin weggräumt. Griag i und mei Schweschdr erscht wieder, wenn der Hennaschdall hergricht isch. Und's Betthupferle im Radio dürf mer am Oband o nemmer heara, sondern miasan um simne glei ins Bett. Und da Hund dürf mer o nimmer mit in Dach-kammer nemma.*"

„*Ja, des isch Strof gnua. Also, gib da Kiebl her.*"

S`*Fidla versohla* bedeutet, den Hintern verhauen, mit der Hand, einem Teppichklopfer oder einem Haselstecken. *Dogganandl*, *Dogge* steht für Puppe, *Nandl* für Anna, wie sie oft genannt wurden. *Glugger* heißen Murmeln oder Schusser. Die Einfachen sind aus lackiertem Holz, die Wertvollen aus Glas haben innen eine bunte Spirale. *Halma* ist ein beliebtes Brettspiel und das *Betthupferle* eine fünfminütige Radiosendung auf Bayern, also München, speziell für Kinder, die kurz vor den Abendnachrichten ausgestrahlt wurde.

Die gibt es sogar noch heute.

(Das Radiogerät hatte ein riesiges Holzgehäuse aus Rüster, eine mit Gold durchwebte Stoffbespannung vor dem Lautsprecher, mehrere elfenbeinfarbene Drucktasten, ein grünes *magisches Auge* zum Einstellen der Empfangsschärfe und zwei Drehknöpfe. Davon wurde nur das *Drehpotentiometer* als Lautstärkeregler verwendet, das gleichzeitig mit dem Netzschalter verbunden war. Hinter einer Glasskala mit Senderangaben und Städtenamen aus der ganzen Welt hing ein roter Metallzeiger an einem Seilzug, der jedoch nie mit dem anderen Drehknopf bewegt wurde. Man hörte nur München mit dem Landfunk und dem üblichen Programm. Dass es auch andere Sender gab, erfuhr Maria erst später.)

Der Eimer mit dem Kalk wurde ihr vom Bauern übergeben mit dem Hinweis, ja nichts zu verschütten, geschweige denn ins Auge zu bringen und am besten gar nirgends hin. Wegen der Gefährlichkeit schob Maria das Fahrrad lieber, obwohl es natürlich ins Unterdorf bergab schneller gegangen wäre. Sie wollte nicht nochmals etwas falsch machen. Nach *oben* schickte Maria ein Stoßgebet, dass nichts Schlimmes mehr passieren sollte in den Ferien.

Dort im Himmel gibt es einen guten Verbindungsoffizier, den *Heiligen Antonius*. Der ist erwähnenswert. Noch heute nimmt man gerne seine Hilfe in Anspruch, denn er ist sehr gut beim Suchen von nicht auffindbaren Dingen.

„Heiliger Antonius, greizbraver Ma, führ mi doch an die Zopfspanga na!"

Wie oft hatte das Mädchen Haarklammern verloren. Bei den dünnen, blonden Zöpfen kein Wunder. Meistens wusste der Heilige, wo sie suchen sollte.

Übrigens, von mir bekommt er auch heutzutage Trinkgeld. Er weigert sich nicht, wenn ich ihm etwas zukommen lasse, Versprochenes fürs Wiederfinden oder auch oft im Voraus als Guthaben.

„Ja bisch denn du doosoarad? I schrei scha di ganz Zeit. Hosch a Gschdaddl mit Zugger mitbrocht? Und d`Nägl hot der Opa o angschafft ghabt."

„Ja, ja. I hab alles und komm glei. Hab no da Gägl droffa. I soll am Nammiddag mit aufs Feld zum Hei zamrecha."

„Do wird dir dr Schnabel sauber bleiba. Erscht wird der Hennaschdall grichtet! Vor des net gmacht isch, kannsch da Mund ans Tischeck haua, o, wenn dir dr Trial scha da Keanza na lofft, gell!"

Doosoarad ist jemand, der schlecht oder gar nicht hört oder hören will. A Gschdaddl oder a Guck ist eine Tüte, damals aus Papier, und der Gägl heißt eigentlich Georg oder Schorschl, je nach Region. Der Schnabel bleibt dir sauber, bedeutet nichts anderes als ein Verbot des Beabsichtigten oder Gewünschten. Da Mund ans Tischeck haua wird zum Beispiel verwendet, wenn es nichts zu essen gibt. Als Trial wird der Speichel bezeichnet, der den Keanza, das Kinn, hinunter

sabbert, weil einem das Wasser im Mund zusammen-
gelaufen war. Es gibt auch den *Trialer*, der Begriff für
einen Menschen, sehr langsam arbeitet oder voran-
kommt, auch im übertragenen Sinn. *Gell* kann eine
Bekräftigung sein oder auch eine Frage, von der man
eine bejahende Antwort oder Zustimmung erwartet.

Also, es gab keine Ausrede. Zu gern wäre Maria
lieber mit aufs Feld gefahren.

Der Hühnerstall wurde unter Anleitung vom
Großvater gesäubert und gekalkt. Oma brühte und
rupfte in der Zwischenzeit die toten Hennen.

Diejenigen, die dem Fuchs entkommen konnten,
standen abends verwirrt im Hof und warteten auf
Einlass. Maria freute sich so, dass doch einige übrig
geblieben waren, und durfte sie mit gekochten, zer-
stampften Kartoffeln füttern, die sie großzügig mit
Weizenbruch verfeinerte.

Dieser Tag mit dem offengelassenen *Hennaschlupf*
wird ihr immer in Erinnerung bleiben.

Gastfreundschaft

Ein milder Oktobertag, Anfang der achtziger Jahre in Rom. Martina war mit ihrem Mann Robert und Peter, einem guten Freund aus der Pfadfindergruppe, auf einer Rundreise durch ihr Lieblingsland Italien unterwegs.

„Nach dieser Erfahrung will ich gar nicht mehr weiter in den Süden. Wer weiß, was uns da noch passieren kann", sagte Martina zu den beiden jungen Männern besorgt.

„*Du* hast ja Latein lernen dürfen und wolltest unbedingt die alten Gerümpelhaufen am *Forum Romanum* und an all den anderen Plätzen der Ewigen Stadt ansehen. Wegen dir sind wir drei Tage auf dem Campingplatz in *Ostia* geblieben und jeden Tag in die Innenstadt von Rom gefahren. Wer konnte denn ahnen, dass das Auto am helllichten Nachmittag direkt am *Kolosseum* geknackt wird? Die kaputte Seitenscheibe ist jetzt ersetzt, außer dem Schlüsselbund von daheim und meiner Lederjacke fehlt nichts. Die Polizei hat uns keinerlei Hoffnung gemacht, die Sachen wieder zu bekommen. Das konnten wir uns ja auch denken. Also, nur weil du jetzt plötzlich Angst hast, sollen wir umkehren? Peter, was sagst du?"

„Vermutlich wollten die Banditen das Autoradio klauen und wurden gestört. Für das *Becker Mexiko* braucht man Spezialwerkzeug zum Ausbauen. Deshalb ist es ihnen nicht gelungen. Für meinen alten Mercedes und den noch älteren Wohnwagen interessiert sich niemand. Wir lassen uns doch jetzt nicht den Urlaub verderben! Von mir aus fahren wir weiter Richtung Neapel. Uns bleiben noch zwei Wochen. Auf der Mittelmeerseite den Stiefel runter, rüber nach Sizilien und an der Adriaküste zurück. Das war immer unser Plan. Denk doch mal, was wir trotz wenig Urlaubsgeld bisher Schönes erleben durften. Jetzt komm, Martina! Stell dich nicht so an. Wir passen schon auf dich auf", beruhigte sie Peter.

„Zwei gegen eine. Da hab ich wohl keine Chance. Ihr habt gewonnen. Also, packen wir zusammen. Wird schon schiefgehen."

Sie fuhren auf die *Autostrada* und wunderten sich, dass ewig keine Mautstelle auftauchte. Im Norden Italiens war das ganz anders.

„Hoffentlich reichen die *Lire* noch. Viel Bargeld haben wir nicht mehr. Außerdem, schau mal auf die Tankanzeige! Die hängt schon auf Reserve. Peter, willst du nicht nachfüllen lassen?", stellte Martina mit entsetztem Blick aufs Armaturenbrett vom Rücksitz aus fest.

„Was du wieder hast! Wir kommen schon noch ein Stück weit. Die nächste Tankstelle nehme ich, versprochen."

Soweit sollte es jedoch nicht kommen. Nach ein paar Kilometern blieb das Gespann stehen.

„Sag jetzt nichts, Martina. Stell dich lieber an den Straßenrand und halte am besten einen Lkw an."

„So, warum das denn?"

„Erstens fährt er langsamer, zweitens mit Diesel."

Die Autobahn war wenig befahren und es dauerte

eine ganze Weile, bis Martina mit ihrem schönsten Lächeln einen Truckerfahrer zum Halten animieren konnte. Inzwischen hatte Peter den Wasserbehälter und einen Schlauch aus dem Wohnwagen geholt. Der Reservekanister stand natürlich daheim.

„Den nehmen wir nicht mit", hatte er vor der Abfahrt gesagt. „Unnötiger Ballast. Reichen schon Windsurfer und Katamaran auf dem Autodach."

Der braungebrannte Fahrer im Feinrippunterhemd stieg aus und sah natürlich sofort, was Sache war. Er schraubte den Tankverschluss am Lkw auf. Die drei konnten kaum Italienisch, verstanden aber so viel, dass Peter *Gasolio* ansaugen durfte. Den ersten Schluck spuckte er angewidert aus, bevor er einige Liter in den leeren Wasserkanister laufen ließ. Mit einer Handbewegung deutete der Fahrer Martina, ihm zu folgen. „Was hatte er vor?"

Er öffnete hinten die Plane seines Lasters. Die Ladefläche war vollgepackt mit Obstkisten. Er hob eine vom Stapel und reichte sie Martina mit einem freundlichen Lächeln.

„Pesche per voi! Pfirsich."

„Grazie a lei", stotterte Martina, und nestelte nach der Geldbörse um ihren Hals.

„No, no."

Mit einer abweisenden Geste drehte sich der Obstfahrer um.

„Un regalo! Geschenk! E buon viaggio, gute Reise", wünschte er ihnen, bestieg das Fahrerhaus, startete seinen Motor und brummte mit einer schwarzen Abgaswolke davon.

„Na, was sagst du nun, Martina? Immer noch Angst? Auch hier im Süden gibt es freundliche, hilfsbereite Menschen."

„Gut, Peter, hast ja Recht. Aber die nächste Ausfahrt nimmst du wirklich!"

Um die Mittagszeit verließen sie die Autobahn und hielten nach einem Mautstellenhäuschen Ausschau. Niemand kassierte für die Streckennutzung. Kaum zu glauben. Erst später erfuhren sie, dass der Staat südlich von Rom die Autobahnen subventionierte und keine Gebühren mehr erhoben wurden.

Bis drei Uhr nachmittags waren sämtliche Geschäfte geschlossen, doch aus einer kleinen Bar strömte ihnen frischer Kaffeeduft entgegen. Nichts wie rein! Sie bestellten für jeden *Aqua Minerale* und gönnten sich dazu frische *Tramezzini*, Sandwiches mit Thunfisch, Ei und Tomate. In der Ecke lief ein Fernsehgerät wie in den meisten Bars, und eine blondierte Schönheit verkündete die neuesten Wett-Ergebnisse, die der eine oder andere Gast mit einem *benissimo*, sehr gut, aufnahm. Robert holte noch drei *cafè* und sie warteten draußen am Stehtisch, bis die Bank nebenan öffnen würde. Damals durfte man nur mit einem kleinen Betrag *Lire* nach Italien einreisen. Zusätzlich konnte man Reiseschecks verwenden. Kartenzahlung oder gar Geldautomaten waren noch nicht üblich. Was sonst an Bargeld gebraucht wurde, musste im Land gewechselt werden.

Das war nun wieder dringend zu besorgen und wie immer Martinas Aufgabe.

Vor der *Cassa Rurale* standen zwei Wachleute auf Posten. Man musste klingeln, dann wurde die äußere Glastür geöffnet. Erst wenn diese wieder geschlossen war, tat sich die nächste Türe des Vorraumes auf und man konnte den Schalterraum betreten. Zum Geldwechseln war der Reisepass vorzuzeigen, dann bekam man die gewünschte Summe mit Quittung ausgehändigt. Martina verstaute die Banknoten in ihrem Brustbeutel, bevor sie die Sparkasse verließ.

Peter hatte inzwischen mit dem restlichen Geld vollgetankt, was damals wirklich günstig war, Robert in dem kleinen Laden mit Aufschrift *Alimentari*, Lebensmittel, nebenan Proviant besorgt. Die Fahrt konnte also beruhigt weitergehen.

In Neapel verfuhren sie sich einige Male. Verkehrsschilder zu verdrehen war und ist vielleicht noch heute eine Unsitte. Martina fiel auf, dass es dort verhältnismäßig viele blonde Kinder gab. Das hatte sie in Süditalien nicht erwartet. Zu der gebräunten Haut sah das ungewöhnlich hübsch aus. Falls Autofahrer an roten Ampeln anhielten, versammelten sich blitzschnell ganze Gruppen der Kleinen an den Wagen und versuchten, Zigaretten und Papiertaschentücher zu verkaufen. Italiener beachteten das wenig, weder die roten Ampeln, noch die Kinder. Martina drückte vorsichtshalber den Knopf an der Autotür nach unten, die Jungs auch.

Kurz vor Sorrento standen sie ewig im Stau. Stop and Go. In eineinhalb Stunden kamen sie gerade mal ein paar Kilometer vorwärts. Immer wieder verließen ungeduldige Fahrer vor ihnen die Autos, um den Grund für die Verzögerungen zu erspähen. Mobiltelefone gab es damals noch nicht, um Informationen zu erhalten. Vor der Kurve war natürlich nichts zu sehen. Wildes Diskutieren und Rumfuchteln mit den Händen half auch nichts. Man konnte nur die wunderschöne Landschaft genießen. Den drei Urlaubern blieb eh nichts anderes übrig. Es war immer noch angenehm warm. Sie hatten die Fenster heruntergekurbelt. Statt harzigem Duft der Pinien am Straßenrand drangen nur stinkende Autoabgase ins Wageninnere. Langsam setzte die Dämmerung ein. Martina wurde unruhig. Endlich ging es ein paar Meter weiter.

„Da vorne sind Carabinieri postiert. Deshalb der Stau", erkannte Robert.

Sie sahen Mannschaftswagen am Straßenrand und mehrere mit *Uzi* oder *Beretta* bewaffnete Uniformierte. In Italien sind diese schön anzusehen in dunkelblauem Stoff, goldglänzenden Knöpfen und diversen Abzeichen. Die Hosen mit rotem Längsstreifen stecken in schwarzen, blank polierten Lederstiefeln, die kurz unter den Knien enden.

Langsam gelangten die drei Touristen an die Kontrollstelle. Mehrere Beamte liefen ums Auto herum, andere blieben auf Abstand stehen. Einer wollte ihre Reisepässe sehen, ein anderer erhellte mit der Taschenlampe das Wageninnere und den Laderaum. Sogar in die Holzrümpfe des Katamarans auf dem Autodach warf er einen Blick. Ein Weiterer deutete auf den Wohnwagen und ließ ihn öffnen. Er leuchtete jeden Winkel aus, kontrollierte die Schränke, und sah unter den Betten nach. Vermutlich suchten sie jemanden und vielleicht auch Drogen. Der Begriff *Camorra* schwebte in der Luft, aber niemand sprach das Wort aus.

„Okay", erklärte einer der Beamten und winkte zur Weiterfahrt. Es war bereits nach zwanzig Uhr.

„Sollten wir uns nicht langsam nach einer Übernachtungsmöglichkeit umschauen? Es wird ja immer später!", meinte Martina besorgt.

„Auf der rechten Seite müsste schon bald ein Campingplatz kommen. Ich hab vorhin ein Hinweisschild gesehen", kam die Antwort von Robert.

Nach wenigen Kilometern erreichten sie den Platz. Ein etwas verbogenes Blechschild mit dem Aufdruck *vom ADAC empfohlen* war mit Draht am Tor angebracht. Das sah vertrauenerweckend aus. Als sie ausstiegen, um zu sehen, ob sie dort einen Stellplatz bekommen könnten, rannten schon drei prächtige Schäferhunde mit ohrenbetäubendem Gebell auf das verschlossene Gittertor zu. Vom Anschlagen aufgeschreckt, kam ein älterer Herr auf sie zu.

„Silenzio! Subito" – Ruhe! Sofort!", rief er in scharfem Ton den Hunden zu, die gleich still waren und mit hängenden Ruten zu ihrem Zwinger trabten.

„Camping? Habe schon geschlossen, aber wenne nix Rechnung, dann offen."

„Ja gut." Erleichtert nahmen sie das Angebot an. Er wies ihnen einen Stellplatz zu und zeigte ihnen den Waschraum.

„Wolle Dusche, dann ich mache Wasser heiße."

„Gerne. Danke."

Nachdem sie sich eingerichtet und frisch gemacht hatten, meldete sich der Hunger. Sie fragten, wo sie denn in der Nähe eine *Trattoria* finden könnten.

„Gehe Sie zu Paolo und sage Grusse von Vittorio. Straße gerade, dann neben Kirche links und da."

Der Parkplatz vor dem *Ristorante* war von Autos mit örtlichen Nummernschildern belegt. Ein gutes Zeichen, wenn Einheimische dort essen. Den Dreien fiel auf, dass in jedem Wagen das Radio fehlte und nur ein leerer Einschub zu sehen war. Sie betraten den Gastraum. Gerammelt voll. Ein gut aussehender Kellner mit tadellos weißem Vorbinder kam auf sie zu. Sie richteten die Empfehlung von Vittorio aus.

Sogleich wurde ein weiterer Tisch aus dem Nebenraum geholt und für sie eingedeckt. Es sah nach Familienfeier aus, wo zur Taufe des Neugeborenen etwa vierzig bis fünfzig Personen jeden Alters zusammensaßen und gerade ihre Hauptspeise genossen. Die Menschen lächelten freundlich und hatten nichts gegen die neuen Gäste einzuwenden. In Deutschland hätten die drei wegen geschlossener Gesellschaft bestimmt keinen Einlass bekommen. In Italien war das anders. Der Kellner erklärte, es gäbe heute keine Karte, sie könnten aber eine Platte mit gegrilltem Fisch bekommen und Gemüse. Das war perfekt. Dazu bestellten sie Wasser und eine Flasche Hauswein.

Nach kurzer Zeit wurden Brot und Getränke gebracht, und wenig später servierte der Ober eine Platte mit wunderbar duftenden Fischen und Meeresfrüchten, dazu einen großen Teller gegrilltes Gemüse. Es schmeckte vorzüglich. Kinder spielten um ihre

Füße, und ein kleines Mädchen setzte sich nach dem Essen ganz einfach auf Martinas Schoß. Was sie plapperte, verstanden die drei zwar nicht, waren aber entzückt von Chiara, wie sie später ihren Namen erfuhren, als sie gerufen wurde.

Nachdem alle den Hauptgang verspeist hatten und das Geschirr abgeräumt war, wurde das Licht im Saal heruntergedimmt. Gespannt richteten sich alle Augen, Fotoapparate und Super-Acht-Filmkameras auf die Schwingtür. Diese öffnete sich unter großem Beifall, und der Küchenchef des Hauses schob eine dreistöckige Torte mit Funken sprühenden Wunderkerzen an den Tisch des *nonno*. Der Großvater bekam das Baby auf den Arm gelegt, Oma und die Eltern des Kleinen stellten sich daneben, viele Fotoapparate klickten und die Kameras surrten wie ein Bienenschwarm. Der Säugling wurde den Taufpaten anvertraut, wieder wurden Bilder gemacht in verschiedenen Posen und Zusammenstellungen, bis das Kind dann wieder an seine Mutter übergeben wurde. Es war mucksmäuschenstill im Raum. Der Opa schnitt würdevoll die Torte an.

Die größte Überraschung sollte aber nun kommen! Die ersten drei Teller brachte der Kellner auf Geheiß des Seniors an den Tisch von Martina!

Das ist italienische Gastfreundschaft!

Peter meinte, er sei so satt und könne das Dessert nicht mehr schaffen.

„Das wirst du schön aufessen! Die Torte kannst du unmöglich stehen lassen. Das wäre eine Beleidigung. Also los! Keine Widerrede", forderte ihn Martina auf.

Sie probierte das Kuchenstück. Es war pappig süß, schmeckte nach Vanillepudding und Amaretto, aber köstlich. Nicht umsonst heißen wohl die Nachspeisen in Italien *dolce*.

Die drei Freunde waren nach dem ereignisreichen Tag satt und müde. Sie bezahlten mit reichlich Trinkgeld und bedankten sich beim Familienoberhaupt persönlich. Das hatte der Herr auch erwartet.

Der nächste Tag sollte sie nach Reggio Calabria führen. Ganz oben auf dem Hügel befand sich der Campingplatz. Mehrmals fuhren sie wegen der verdrehten Hinweisschilder im Kreis wie schon in Neapel. Es war früher Abend, als sie endlich dort ankamen. Martina schickte die Jungs zum Duschen und fragte den Platzwart Valerio, wo sie denn noch etwas einkaufen könne. Sie wollte zu *Mafaldine*, einer Nudelsorte, die es in Deutschland kaum zu kaufen gab, eine Fleischsoße machen. Für das *ragù* brauchte sie Hackfleisch. Er wies ihr den Weg.

Die *macelleria* von Alessandro lag gleich um die Ecke. Martina war die einzige Kundin am Abend, überbrachte die Grüße von Valerio und verlangte *carne tritata*. Jedoch nahm der Metzger nicht das fertige Hackfleisch aus der Auslage, sondern holte aus der Kühlung zwei Stück Rindfleisch, hielt sie ihr hin und fragte, welches sie möchte. Irritiert wählte sie eines davon aus. Vor ihren Augen drehte er es durch einen handbetriebenen Fleischwolf, zeigte es ihr auf dem Pergamentpapier noch einmal, bevor er es abwog und verpackte, und fragte nach weiteren Wünschen. Sie bestellte noch Salami und Mortadella. Er fragte, was sie aus dem Hackfleisch kochen wolle.

„Ragù alla Bolognese", erklärte Martina.

Er schnitt noch etwas Speck ab, packte ihn dazu und rief seiner Frau im Nebenraum etwas zu. Durch das seitliche Schaufenster beobachte Martina, wie sie frische Kräuter im Garten abschnitt und Karotten, Staudensellerie, Zwiebeln und Knoblauch in den Laden brachte. Dann ging sie in den Keller und kehrte mit einer Flasche Rotwein zurück, der ohne Etikett in eine Plastikwasserflasche gefüllt war.

„Hausewein von meine Bruder, sehr gut!", erklärte Adriana, eine kleine rundliche Frau mit lustigen Augen und umwerfendem Lächeln, obwohl ein Zahn fehlte.

Verblüfft von so viel Gastfreundschaft bezahlte Martina ihren Einkauf. Wein und Kräuter gab es von Alessandro gratis dazu. Na so was!

Wenig später war das Essen zubereitet, die Männer frisch geduscht und der Tisch vor dem Wohnwagen draußen gedeckt. Martina hatte ganz am südlichen Ende des Campingplatzes ein winziges Zelt entdeckt und flackerndes Licht davor. Sie schickte Robert los, nach dem Reisenden zu schauen und ihn zum Essen einzuladen. Er brachte einen jungen Mann mit, der hocherfreut Platz nahm und sich als *Travis* vorstellte, englischer Maschinenbaustudent aus der Nähe von London. Er erzählte, dass er per Interrail-Ticket Malta besucht hatte und auf der Rückreise im Zug seiner Reisetasche beraubt worden war, als er kurz im Speisewagen Getränke holen wollte. Ihm waren nur sein

Rucksack und die Kleidung geblieben, die er am Leib trug. Das kleine Biwakzelt in der oberen Ablage im Abteil hatte wohl niemanden interessiert. Robert erzählte von ihrer Italientour, die sie vorbei am Gardasee an der Mittelmeerküste entlang nach Sizilien führen sollte und an der Adriaseite zurück in den Norden. Drei Wochen Zeit, wenig Geld, aber offen für alles Neue und interessiert an Land und Leuten. Hungrig verzehrten sie das Abendessen, leerten gemeinsam die Weinflasche und das angeregte Gespräch zog sich nach dem einen oder anderen Grappa bis in die frühen Morgenstunden hin. Bei sternenklarem Himmel konnten sie die Lichter Messinas glitzern sehen. Schließlich wünschten sie sich freundschaftlich gute Nacht und angenehme Weiterreise.

Dieses unverhoffte Treffen war wieder ein besonderes Erlebnis im Süden Italiens.

Am nächsten Morgen sollte es nach Sizilien gehen. Sie vereinbarten mit Valerio, dass sie auf der Rückreise wieder bei ihm Station machen wollten, aber nicht genau wüssten, wie lange sie auf der Insel bleiben würden. Er versicherte ihnen, dass der Platz bis Ende November geöffnet bleiben würde, denn alle anderen in der näheren Umgebung hätten geschlossen.

Während sie in der Autoschlange zum Fährhafen warteten, versuchten immer wieder Kinder, Zigaretten zu verkaufen. Unangenehm waren diejenigen, die mit wassergefüllten Sprühflaschen die Autoscheiben verspritzten, total verschmierten und dafür Geld verlangten. Sie ließen sich kaum abwimmeln und versuchten natürlich, die Autotüren zu öffnen. Die Reisenden waren mehrmals davor gewarnt worden den Kindern Geld zu geben, auch wenn sie noch so ärmlich dreinschauten und auf Mitleid hofften.

Endlich waren die drei auf der Überfahrt und sahen am klaren Morgen die Silhouette von Messina. Delphine begleiteten die Fähre und zeigten stolz ihre immens hohen Sprünge. Martina war überwältigt, konnte sich nicht sattsehen, was die Natur darbot.

Die Einfahrt in das Hafenbecken war ebenfalls beeindruckend. Mehrere Uniformierte fuchtelten wild durcheinander und kommandierten die Wagen und Transporter heraus aus dem Bauch des Schiffes. Die drei Freunde fuhren an Land und betraten festen Boden. Sizilien! Von der Insel hatte Martinas Vater geschwärmt. Während des Zweiten Weltkrieges war er mit der Fernmeldeeinheit dort stationiert gewesen.

Die Reise sollte sie von Messina über Catania, Siracusa, Ragusa in die Nähe von Agricento führen, wo es laut Campingführer einen Stellplatz geben würde, der geöffnet hatte. Von dort aus waren Tagesausflüge vorgesehen. Der Rückweg war geplant nach Caltanissetta, dann über Enna zurück nach Messina zum Fährhafen. Sie waren gespannt auf weitere Erlebnisse.

Würden sie nochmal so viel Gastfreundschaft erfahren dürfen?

Dazu in einer anderen Geschichte aus Italien.

Mogelpackung

Paola stand im Flur und warf ihrem Spiegelbild einen wohlwollenden Blick zu. Sie war mit ihrer Erscheinung zufrieden, wie man es mit knapp sechzig sein konnte. Gestern hatte sie sich einen flotten Kurzhaarschnitt im *Salon Haircut* verpassen lassen.

„Sie sehen um Jahre jünger aus", hatte der Friseur geflötet, als er ihr großzügiges Trinkgeld entgegennahm. Sie wollte es einfach mal glauben.

„Beehren Sie uns bald wieder, gnädige Frau", bedankte er sich und hielt ihr geschäftig die Türe auf.

Heute war *bella figura* angesagt. Aufgeregt zupfte sie an ihrem Seidenschal herum. Schließlich schlüpfte sie in den Trenchcoat, verknotete lässig den Gürtel und schaute nochmals auf die Uhr. Das tat sie alle paar Minuten, um keinesfalls zu spät zu kommen. Vierzehn Uhr war vereinbart.

Als sie auf die Straße trat, umfing sie ein laues Lüftchen, das bunte Blätter vom Gehsteig aufwirbelte. Es roch nach Herbst. Paola liebte ihn der warmen Farben wegen.

Ja, auch sie befand sich im Herbst ihres Lebens. Der sollte es noch einmal gut mit ihr meinen. Sie pflegte sich, als eitel konnte man sie aber nicht bezeichnen.

In der Stadtmitte angelangt, betrat sie das Einkaufszentrum und schritt betont langsam die Shoppingmall entlang. Die Schaufenster betrachtete sie ohne wirkliches Interesse. Sie drehte eine weitere

Runde im Erdgeschoss. Es war zu früh, um ins Café zu gehen. Noch eine knappe Stunde. Sie entschied, die Buchhandlung im ersten Stock aufzusuchen. Ihre Nichte war ein Bücherwurm und feierte demnächst Geburtstag. Sie forschte im Fachbereich Reiseführer, denn ihr Patenkind wollte in den Weihnachtsferien nach Mexiko fliegen. Paola dagegen war Europa groß genug. Nach längerem Stöbern fand sie ein Exemplar, das ihr zusagte. Die freundliche Verkäuferin verpackte es hübsch als Geschenk und legte in die Tüte noch das neueste Buchjournal. Zufrieden verließ Paola den Laden. Ein Blick auf die Uhr: noch eine halbe Stunde. Lieber zu früh als zu spät. Sie schlug den Weg zum *San Marco* ein, dem vereinbarten Treffpunkt.

Paola betrat das Eiscafé und sah sich im Raum um. Italo, der Kellner, half ihr galant aus dem Mantel und hängte ihn an die Garderobe. Zufrieden schaute sie nochmals kurz in den Spiegel. Das dunkelrote Etuikleid saß perfekt, die dezente Perlenkette schimmerte matt an ihrem Dekolleté, das sich durchaus sehen lassen konnte. Paola war mollig, aber gut proportioniert. Alles am rechten Fleck.

„Wolle Ihre Tische wie immer, Signora?", fragte Italo.

„Certo, ja gerne."

Während sie an dem kleinen Tisch Platz nahm und schon mal einen doppelten Espresso bestellte, sah sie sich um. Um diese Zeit war es ruhig. Gäste, die hier die Mittagspause verbrachten, waren schon wieder weg und die Kaffeetanten kamen erst später. Der Zeitpunkt war perfekt gewählt mit vierzehn Uhr.

Sie nahm das Buchjournal zur Hand, schaute aber immer wieder auf. An einigen Tischen saßen kichernde Schülerinnen, glotzten verzückt in ihre Handys und wischten aufgeregt darauf herum. Ein Vertreter, gut erkennbar an einem offenen Pilotenkoffer mit Unterlagen, hämmerte wild auf sein Tablet ein. Paola schaute immer wieder auf die Uhr: noch fünfzehn Minuten. Sie blätterte weiter im Buchjournal.

Sobald jemand das Café betrat, sah sie hoch. Ihre Anspannung stieg nun von Minute zu Minute. Als sie sich gerade wieder in das Heft vertiefen wollte, ging erneut die Tür auf. Ein einzelner Herr legte seinen Borsalino auf die Hutablage der Garderobe. Er trug zur hellgrauen Hose ein dunkelblaues Clubsakko mit Goldknöpfen und rotem Einstecktuch und sah sich um. „Das musste er sein", durchfuhr es Paola blitzartig. Ja, kein Zweifel, das konnte nur Gustav sein. Ihre Wangen wurden heiß und sie hoffte, dass der Puder die aufsteigende Röte genügend bedeckte.

So sah er also aus, eine stattliche Erscheinung.

Ihre Augen trafen sich und sie nickte ihm vorsichtig zu. Sogleich kam er mit einem übertrieben strahlenden Lächeln auf sie zu und stellte sich vor.

„Gestatten, Gustav."

Paola bot ihm den Platz gegenüber an. Er öffnete den Knopf am Sakko, das leicht über einem kleinen Bauchansatz spannte.

„Schön, Sie endlich persönlich kennenzulernen, Paola", begann er mit sonorer Stimme.

„Ganz meinerseits", entgegnete sie.

Geschäftig eilte Italo mit der Karte herbei, um die

197

Bestellung entgegenzunehmen. Gustav griff in die Innentasche der Jacke, holte seine nickelfarbene Lesebrille hervor und studierte die Auswahl. Paola schaute ihn dabei genauer an. Er war frisch rasiert, roch nach *Irisch Moos* und hatte den Scheitel mit Lineal gezogen, sodass es kein einziges Haar wagen würde, sich auf die falsche Seite zu legen. Wache grüne Augen blitzten über die Halbbrille hinweg. Verstohlen spitzelte eine goldene Zahnkrone aus dem Mund, als Gustav den Kellner an den Tisch rief.

„Ich nehme eine Tasse koffeinfreien Kaffee."

„Wire serviere Kännchen, mein Herr, nur Kännchen. Darf ich Ihne bringen?"

„Nun, wenn es nicht anders geht, dann halt ein Kännchen, dafür aber viel Zucker und Milch."

„Sehre gerne, mein Herr."

Damit verschwand Italo hinter dem Tresen mit hochgezogenen Augenbrauen, nicht ohne Paola einen Blick zuzuwerfen.

„Mir hätte ja eine Tasse gereicht. Das mit den Kännchen ist doch nur Beutelschneiderei, oder? Sie haben ja auch ein Tässchen bekommen."

„Nun, doppelten Espresso servieren Italiener halt nun mal in einem Tässchen."

Verständnislos musterte Gustav sein Gegenüber. Er war wieder dran, das Gespräch weiterzuführen. Sie gefiel ihm, keine Frage. Bei ihrer Beschreibung im Partnerportal *50 Gold* hatte sie keinesfalls übertrieben, er hingegen schon. Bei der Altersangabe hatte er fünf Jahre heruntergeschummelt, und die finanzielle Seite hatte er ebenfalls untertrieben. Er wollte keine

Partnerin, die ihn wegen seines Vermögens auswählte. Er bezeichnete sich sogar als gebildet, häuslich, aber auch reiselustig, solange sich das Ziel nicht außerhalb Süddeutschlands befand.

Italo balancierte den Kaffee auf einem Silbertablett und bekam sofort zu hören:

„Das ist aber keine *Bärenmarke!*"

„Mein Herr, wire serviere nichte Kondensemilch. Sie solle sich hier fühle wie in Italienurlaub."

„Da will ich bestimmt nicht hin! Die Frischmilch können Sie gleich wieder mitnehmen. Bringen Sie mir wenigstens Schlagsahne, aber nicht zu knapp!"

„Subito."

Italo verschwand verständnislos und ohne weiteren Kommentar.

„Was sind das denn für Zustände hier! Erst bekomme ich keine Tasse Kaffee und dann fehlt es auch noch an Kondensmilch. Wenn diese Italiener sich hier in Deutschland nicht anpassen können, sollte man sie zurück über den Brenner schicken!", echauffierte sich Gustav und hoffte auf Paolas Zustimmung.

Da hatte er sich aber getäuscht! Dass sie die italienische Lebensweise liebte und hier gern gesehener Stammgast war, sollte er wissen. Bei der Partnerbörse wurden ja auch Vorlieben und Hobbys abgefragt.

Italo kam mit einer gehäuften Schale mit Schlagsahne zurück.

„Iste ausereichend, mein Herr?", fragte er höflich.

„Nun, das kann man so annehmen. Aber der Kaffee ist viel zu stark. Wollen Sie mich umbringen? Ich brauche heißes Wasser zum Verdünnen."

Er erklärte Paola schulmeisterlich, dass ihm daheim ein gestrichener Kaffeelöffel Pulver auf zwei Tassen Wasser reichen musste, sonst würde man ja das Geld zum Fenster hinaus werfen.

Paola wurde das Ganze zunehmend peinlicher. Kein Bitteschön, kein Danke, kein freundliches Wort zu Italo. Sie nutzte die Situation und bestellte mit entschuldigendem Blick bei Italo ein Glas Prosecco.

„Den *Valdo*?"

Paola nickte. Darauf Gustav:

„Das ist eine prima Idee. Wir sollten auf unser erstes Kennenlernen anstoßen. Bringen Sie mir auch etwas Prickelndes, aber deutschen Sekt und nur ein Glas, nicht dass Sie mir am Schluss mit einer ganzen Flasche daherkommen. Sie haben doch eine günstige Hausmarke?"

„Si, capisce. Habe verstanden."

Inzwischen erläuterte Gustav Paola eifrig, wie er sparte: Beim Einkauf, wenn es Lebensmittel im Angebot gab oder das Mindesthaltbarkeitsdatum kurz vor dem Ablaufen war. Beim Bäcker holte er Brot und Gebäck vom Vortag zum halben Preis, zur chemischen Reinigung gab er Wäsche nur bei Sonderpreiswochen, und an abgelaufenen Schuhen ließ er die Absätze nur neu machen, wenn es gar nicht mehr anders ging.

Je mehr er redete, umso klarer wurde Paola, wen sie da vor sich hatte. Jemanden, mit dem sie keine einzige Stunde länger verbringen wollte. Vor ihr saß eine Mogelpackung! Von wegen weltmännisch und großzügig wie im Partnerportal angegeben.

Gustav entlarvte sich selbst als Kleingeist.

Sie griff zum Prosecco mit der Ausrede, sie müsse jetzt aufbrechen und trank den Rest in einem Zug aus. Er rief den Kellner an den Tisch mit den Worten:

„Zahlen, natürlich getrennt!"

Gustav zählte den Betrag in kleinen Münzen auf den Teller, ohne Trinkgeld, und fragte Paola:

„Wann sehen wir uns wieder?"

Sie setzte sich aufrecht hin, tat einen tiefen Atemzug und sagte deutlich und bestimmt:

„*Wir* werden uns nie wieder *sehen* und auch nie wieder *schreiben!*"

Das hatte gesessen!

Verständnislosigkeit schrie förmlich aus Gustavs Gesicht. Entsetzt, mit weit aufgerissenen Augen und ohne jedes weitere Wort flüchtete er aus dem Café und hätte beinahe seinen Hut vergessen.

Erleichtert holte Paola nochmal tief Atem und schüttelte den Kopf. Den war sie los!

In diesem Moment faltete der Herr vom Tisch gegenüber seine Zeitung zusammen und fragte Paola:

„Darf ich Sie nach diesem Auftritt zu einem Glas *Valdo* einladen? Kurt Breitenbacher, ihr Nachbar vom vierten Stock. Gestatten Sie, dass ich an Ihren Tisch komme?"

„Gerne, Herr Breitenbacher, sehr gerne. Wir sind uns schon im Treppenhaus begegnet."

Italo kam mit den Getränken an den Tisch:

„Glückwunsch zu Ihre neue Tischherr. Eindeutig bessere Wahl!"

„Darf ich Paola sagen?"

„Ja Kurt, das dürfen Sie."

Die beiden prosteten sich zu.

„Ich musste ja unwillkürlich Ihr Gespräch, vielmehr seines, mit anhören. Ein arabisches Sprichwort sagt: *Die Krankheit der Seele ist der Geiz.* Und offensichtlich wollen sie ja keinen Kranken daheim haben."

Paola schüttelte entschieden den Kopf. Kurt fasste sich ein Herz.

„Ich muss gestehen, ich verehre Sie schon lange, auch wenn Sie das noch nicht bemerkt haben."

Wunderbar blaue Augen, von Lachfältchen umspielt, sahen sie an. Sie musste zugeben, dass sie ihren Mitbewohner nie so richtig wahrgenommen hatte, jetzt schon. Leichte Röte legte sich auf ihre Wangen.

„Ich dachte, Sie müssen dringend weg oder irre ich mich?"

Paola nickte glücklich:

„Ja, Sie irren sich gewaltig. Ich wollte nur dieses Mängelexemplar loswerden. Zeit habe ich jede Menge. Und Sie?"

Dieser Nachmittag wurde für beide unvergesslich.

Auch nach vielen gemeinsamen Jahren erinnerten sie sich an die „Mogelpackung", die zu ihrer beider Glück geführt hatte.

Die Weihnachtswette

Freitag, erster Dezember 2017, acht Uhr, in einem Bürohaus in Augsburg.

Alle waren gespannt. In einer Stunde sollte es soweit sein. Herr Morgenroth, Chef des Consulting-Unternehmens, hatte die Belegschaft um neun in den Konferenzraum gebeten. Vor seinem Sommerurlaub hatte er angekündigt, er wolle ab Ende nächsten Jahres nur noch beratend tätig sein und sich zeitig nach einem Nachfolger umsehen.

Die Gerüchteküche brodelte bis zum Überlaufen. Henriette König aus der Rechtsabteilung klopfte an die Tür der Chefsekretärin.

„Guten Morgen Sonja. Es ist zehn vor neun! Kommst du gleich mit? Jetzt gibt es noch die besten Plätze!"

„Oh, schon so spät!" Sie musterte die Kollegin von Kopf bis Fuß. „Hast dich ganz schön rausgeputzt."

„Natürlich, der erste Eindruck zählt. Ich bin ja gespannt, wen uns der Chef vorstellen wird."

Sonja wusste natürlich Bescheid, denn Bewerbungsunterlagen gingen über ihren Tisch. Als Vertraute von Herrn Morgenroth, dem sie bereits seit fünfzehn Jahren zuarbeitete und den Rücken freihielt, war sie stets loyal und hatte allen Versuchungen standgehalten und nichts verlauten lassen, obwohl sie speziell von den Mitarbeiterinnen gelöchert wurde, wer ins Unternehmen kommen würde.

Die beiden Kolleginnen Sonja und Henriette,

mehr waren sie nicht, fanden im Besprechungszimmer ganz vorne freie Plätze. Der Raum füllte sich. Es wurde getuschelt, bis der Chef eintrat und ans Stehpult schritt.

„Guten Morgen, meine Herrschaften. Am Ende dieses Monats reißen wir das letzte Blatt vom Kalender ab. Ein erfolgreiches Geschäftsjahr geht zu Ende. Danke für Ihren Einsatz! So gut soll es mit meinem Nachfolger weitergehen. Die Suche war nicht einfach, denn mein Wunschkandidat verfolgte andere Pläne. Doch ich hatte Glück und er hat unterzeichnet. Herr Schönhoff, bitte treten Sie ein!"

Wie auf Kommando richteten sich sämtliche Augenpaare auf die Tür. Herr Morgenroth trat vom Stehpult zurück. Ein gut aussehender Herr mittleren Alters mit festem Schritt steuerte darauf zu. Alle Blicke begleiteten den eleganten Herrn in schwarzen, rahmengenähten *Budapestern*, tadellos sitzendem hellgrauen *Brioni*-Anzug über einem schneeweißem Hemd, dezent gestreifter Seidenkrawatte und Einstecktuch nach vorne. Anerkennendes Raunen erfüllte den Saal.

„Herzlich willkommen im Unternehmen. Bitte stellen Sie sich vor!", bat ihn der Seniorchef.

Plötzlich war es so leise, man hätte ein Mäuschen husten hören.

„Herr Morgenroth, danke für den freundlichen Empfang in Ihrem Haus. Meine Damen, meine Herren, guten Morgen. Meinen Namen kennen Sie ja bereits, Schönhoff, Robert Schönhoff. Mehr wollen Sie bestimmt nicht wissen – oder doch?"

Zaghafte Lacher kamen von den Zuhörern.

„Falls Sie über mein Alter rätseln, ich bin gerade viermal — er machte eine Pause — elf Jahre alt geworden. Das sollte ohne Taschenrechner funktionieren!" Sein linker Mundwinkel zuckte.

Wieder ein Schmunzeln in den Gesichtern.

„Und warum komme ich in dieses Unternehmen? Nach dem Unfalltod meiner Eltern im September musste ich in meine Heimatstadt zurückkommen und die Angelegenheiten regeln. Ursprünglich wollte ich zurück an meinen Arbeitsplatz in Macao zur *Universal Holding*, die ich seit fünf Jahren leite. Herr Morgenroth hatte die Todesanzeige gelesen und mich sofort angerufen. Nach meinem Studium durfte ich damals bei ihm ein Praktikum absolvieren. Wir wurden uns einig und ich bin in Augsburg geblieben. Startklar für die neue Aufgabe hoffe ich auf Ihre Unterstützung. Ach ja, eine gute Nachricht darf ich heute schon verkünden: Unsere Weihnachtsfeier findet am Freitag, den 15. Dezember statt und – ich darf dabei sein." Sein linker Mundwinkel zuckte. Beifall brauste auf. Der neue Mitarbeiter schaute in begeisterte Gesichter, die ihn anlächelten, besonders die Damen.

Der Seniorchef bedankte sich für die Aufmerksamkeit, schüttelte Herrn Schönfeld die Hand:

„Gut gemacht!"

Die Versammlung löste sich auf.

„Ein Bild von einem Mann! Genau mein Typ!" Henriette stöhnte Sonja auf dem Weg zu ihren Büros an. „Und du hast das die ganze Zeit gewusst!"

„Natürlich. Er sieht allerdings wesentlich besser aus als auf dem Foto in den Personaldaten. Dieses römische Profil, die leicht gewellten dunklen Haare zu den blauen Augen, der leicht gebräunte Teint, die feingliedrigen Finger, ..."

„Stopp, krieg dich wieder ein!", unterbrach sie Henriette. „Du schwärmst ja geradezu von ihm, aber nicht als Einzige. Ob er verheiratet ist? Ring hab ich keinen entdeckt, aber das muss heutzutage nichts heißen. Ein Traum von einem Mannsbild! Trotzdem, eine Macke hat er: manchmal zuckt er mit dem linken Mundwinkel! Hast du gesehen, wie ihn alle anhimmeln? Da heißt es, schnell sein! Machen wir heute zusammen Mittagspause, vielleicht bei Flannigan`s Post?"

„Von mir aus. Gegen eins kannst du mich abholen." Sonja sah Henriette noch nach.

Die stöckelte unüberhörbar auf nicht enden wollenden High Heels von *Giuseppe Zanotti* den Gang entlang. Sonja wunderte sich immer wieder, wie man auf so hohen Absätzen das Gleichgewicht halten und die Hüften schwingen konnte wie auf einem Catwalk.

Sonja erinnerte sich: Vor zwei Jahren war Henriette die Leitung der Rechtsabteilung übertragen worden, allerdings nicht ganz ohne ihr Zutun. Gut, Frau Agnes Willmann, damals dreiundsechzig, war mit der neuesten Gesetzeslage nicht so vertraut. Mit dem PC stand sie auf Kriegsfuß. Henriette hatte die Kollegin mehrmals auflaufen lassen und sich selbst profiliert. Dann war Frau Willmann ein grober Fehler unterlaufen und Herr Morgenroth legte ihr nahe, die Rente zu beantragen, was sie auch tat. Henriettes Chance! Sie machte auch was her im Gegensatz zu ihrer Vorgängerin. Frau Willmann trug stets einen exakt geschlungenen Knoten aus silbergrauem gescheiteltem Haar, eine Bluse mit blaugrauem Paisley-Muster und einem weißen Spitzenkragen, dazu einen mausgrauen Kleiderrock und schwarzen Schnürschuhe mit niedrigem Absatz – ein wenig wie *Oma Eusebia* von *Fix und Foxi*. Ganz anders trat Henriette König auf. Zum engen knallroten Lederkostüm, Größe 38, natürlich mit kurzem Rock, der beim Sitzen beängstigend weit nach oben rutschte, ließ eine schneeweiße Bluse mit weitem Ausschnitt genügend freie Sicht auf einen beachtlichen Busen. Das blondierte Haar, immer perfekt gewellt, glänzte und wippte bei jedem Schritt. Natürlich trug sie typgerechtes Make-up. Die pedikürten Hände waren mit Gelnägeln bewaffnet.

„Wie man damit eine Tastatur bedienen kann?", wunderte sich Sonja immer wieder.

Henriette genoss die bewundernden Blicke der Kollegen und der Männerwelt überhaupt. Aber zu mehr als einigen kurzzeitigen Beziehungen war es in ihrem Leben nicht gekommen. Etwas Festes wollte sie auch nie und war mit ihren siebenunddreißig Jahren bekennender Single.

Im Büro angekommen zog sie zunächst ihre Lippen nach und überprüfte ihr Äußeres. Alles perfekt. Dann öffnete sie ihr Postfach in Outlook und las die neueste Mail:

Einladung

Werte Mitarbeiterinnen,
werte Mitarbeiter,

ich lade Sie herzlich ein zu unserer
Weihnachtsfeier:

15. Dezember 2018

**18 Uhr, VIP Lounge im City-Bowling
Halderstraße 5**

**21 Uhr Abendessen Enchilada
Hallstraße 4**

Bitte melden Sie Ihre Teilnahme
bis 5. Dezember bei Frau Sonja Nolte.

Ich freue mich auf Ihr Kommen.

August Morgenroth

Natürlich schickte sie gleich ihre Zusage an Sonja zurück. Logisch, da musste sie dabei sein! Der neue Juniorchef passte genau in ihr Beuteschema. Geschätzte eins neunzig groß, dunkles, fülliges Haar mit leichter Naturwelle und wenigen Silberfäden durchzogen, sportliche Figur, sonnengebräunter Teint mit Lachfältchen um die tiefblauen Augen, sinnliche Lippen,... sie schloss für einen Moment die Augen und entkleidete Robert schon mal in ihrer Phantasie. Bei einem Schluck Kaffee erinnerte sie sich an seine Eleganz, seine *Breitling* Fliegeruhr und den dezenten Siegelring. Henriette kannte sich aus. Nur das Zucken des linken Mundwinkels störte sie. Aber, es gab Schlimmeres. Darüber musste man hinwegsehen. Den Mann wollte sie sich schnappen, Bingo! Gut, bei der Besprechung in der ersten Reihe zu sitzen wie auch Sonja. Auf die hatte er auch ganz schön Eindruck gemacht, dachte Henriette. In der Mittagspause würde Herr Schönhoff Gesprächsthema sein.

Sonja Nolte musste sich stark konzentrieren. Gut, dass sie heute, am Freitag, nur bis sechzehn Uhr arbeiten musste. Herr Schönhoff geisterte unentwegt in ihrem Kopf herum. Diese Erscheinung, diese sonore Stimme, diese Aura, die ihn umgab! So einem Menschen war sie noch nicht begegnet. Mit ihren sechsunddreißig Jahren hatte es bei keiner Bekanntschaft Klick gemacht. Jetzt aber begannen Schmetterlinge im Bauch mit den Flügeln zu schlagen, wenn sie nur an ihn dachte.

Der Klingelton ihres Telefons riss sie aus dem Tagtraum:

„Frau Nolte, zehn Uhr. Haben Sie meinen Tee vergessen? Sonst sind Sie doch immer pünktlich!" Herr Morgenroth hatte sie ertappt.

„Oh Verzeihung. Ich beeile mich."

Sonja stürzte mit glühenden Wangen in die Teeküche und bereitete den Earl Grey zu. Auf das Tablett stellte sie Rohrzucker, ein Kännchen Sahne, dazu ein paar *Scones*, Butter und eine Schale mit Erdbeermarmelade. Damit betrat sie das Chefbüro.

Es war im alten Stil eingerichtet mit holzvertäfelten Wänden und dunklen Möbeln. Ein wuchtiger Schreibtisch dominierte den Raum sowie ein Ölporträt des Firmengründers. Aus dieser Zeit stammte auch die traditionelle Banker-Lampe mit grünem Glasschirm, Kettenzugschalter und blank poliertem Messingfuß. Am Fenster eine Besuchersitzgruppe, auf dem Tisch ein frisch duftendes Adventsgesteck. Sonja stellte das Tablett auf den Schreibtisch. Die Unterlage war aus Leder, ein dazu passender Köcher beherbergte Stifte und einen Brieföffner, daneben lag griffbereit ein Kolbenfüller von *Mont Blanc*. Der Raum flößte Respekt ein. Herr Morgenroth war eben noch ein Herr der alten Garde.

Er lehnte sich zurück, während er seine Sekretärin musterte:

„Frau Nolte, Sie sind ein Schatz. Danke für die Scones. Wie immer selbst gebacken?"

„Natürlich, Herr Morgenroth. Ich weiß doch, dass Sie die zum Tee gerne mögen."

„Nun, Frau Nolte, was halten Sie persönlich von Herrn Schönhoff?

210

„Ich denke, Sie haben mit ihm eine gute Wahl getroffen. Er macht einen sympathischen Eindruck."

„Das meine ich auch. Führen Sie ihn doch bitte nachher durch die Abteilungen. Könnten Sie anfangs auch sein Sekretariat mit übernehmen, oder ist Ihnen das zu viel?"

„Durchaus nicht. Das schaffe ich."

Sonja schätzte ihren alten Chef. Er war freundlich und gerecht. Als Single machte es ihr wenig aus, die eine oder andere Überstunde zu leisten.

Mit ihrem Leben war sie rundum zufrieden. Doch manchmal wünschte sie sich schon einen Partner. Den Richtigen hatte sie bisher nicht getroffen. Mal sehen, ob es auf diesem Planeten nicht doch noch einen Mann für sie gab.

Sonja holte Herrn Schönhoff im neu eingerichteten Büro zum Rundgang ab.

„Passt es Ihnen jetzt mit der Betriebsführung?"

„Natürlich, Frau ... sorry, wie war Ihr Name?"

Sein etwas zu langer Blick in ihre Augen traf sie wie ein Blitz. Ein Prickeln durchströmte ihren Körper. Röte legte sich auf ihre Wangen. Da sah sie dieses kurze Zucken seines Mundwinkels.

Bestimmt die Nervosität, sinnierte sie.

„Sonja Nolte. Bei so vielen neuen Eindrücken ist das kein Wunder."

Sie strahlte ihn lächelnd an. Auch er erwiderte es mit lustigen Lachfältchen um die blauen Augen. Sie wäre am liebsten darin versunken. Doch gleich hatte sie sich wieder im Griff.

„Nun, Frau Nolte, dann wollen wir mal!", ermutigte er sie.

Die sonore Stimme tat ebenso ihre Wirkung wie der dezent frische Duft von *Cool Water* aus dem Hause *Davidoff*. Sonja war hingerissen von diesem Menschen, der neben ihr schritt. Das war ihr noch nie in ihrem Leben passiert. Sie nahm sich zusammen und hoffte, dass er nichts bemerkte und auch sonst niemand.

Er war zu allen freundlich und machte die eine oder andere nette Bemerkung. Die Kolleginnen waren hellauf begeistert. Henriette setzte sich gleich in Szene, als sie ihr Büro in der Rechtsabteilung erreichten. Mit gekonntem Beinüberschlag zog sie die Blicke auf nicht enden wollende Schenkel, die erst weit oben vom roten Ledermini bedeckt wurden. Die oberen Knöpfe der weißen Satinbluse hatte sie geöffnet und bückte sich wie zufällig nach einem Bleistift, der auf dem Boden lag. Ein Blick in den Ausschnitt auf ein üppiges Dekolleté war unvermeidlich. Sonja war das peinlich.

Sie kannte ihre Kollegin. Die war süchtig nach Männerbekanntschaften mit Anerkennung und Erotik, aber bindungsunfähig und -unwillig. Ihre Freiheit bedeutete ihr alles, aber Abenteuer mit gutaussehenden und -situierten Herren genoss sie besonders. Für sie war es ein Spiel, Liebe war nicht mit von der Partie. Die wenigen männlichen Kollegen in der Firma hatte sie schon alle ins Bett gelockt. Es war nur eine Frage der Zeit, bis sie es auch bei Herrn Schönhoff versuchen würde.

Henriette öffnete die Bürotür des Vorzimmers und tönte laut:

„Ein Uhr, Mittagspause!"

Sonja speicherte die geöffnete Datei und schnappte ihre Tasche. Sie nahmen den Weg zur *Fuggerstraße*. Henriette löcherte ihre Kollegin mit Fragen zu Robert, wie sie ihn schon nannte, bekam aber nur oberflächliche Antworten.

„Er gefällt dir wohl auch sehr. Gib es zu!", stocherte Henriette.

„Wem gefällt er nicht? Ist doch kein Wunder."

Nach dem Lunch schlug Henriette ihrer Kollegin Folgendes vor:

„Ich wette mit dir, dass ich Robert noch vor Weihnachten im Bett habe."

Entsetzen schrie aus Sonjas Augen.

„Hör ich da richtig? Das wirst du nicht wagen, nicht bei ihm! Ich wette dagegen. Um welchen Einsatz?"

„Eine Flasche *Veuve Clicquot*. Die wirst du verlieren!"

„Die Wette gilt!", bestätigte Sonja mit einem Handschlag. Sie konnte sich nicht vorstellen, dass sich Herr Schönhoff auf so ein Abenteuer einlassen würde. Nein, so schätzte sie ihn nicht ein.

Zum Jahresende gab es viel zu tun und das war gut so. Die Arbeit erforderte Sonjas volle Konzentration. Sie erledigte gewissenhaft, wie sie nun einmal war, die Korrespondenz beider Herren. Dabei lernte sie Robert immer besser kennen. Manchmal bildete sie sich ein, dass er ihr etwas Zuneigung entgegenbrachte. Vorstellen konnte sie es sich dann doch wieder nicht. Vermutlich war sie ihm zu brav, zu bescheiden und nicht nach dem neuesten Schrei gekleidet wie manch andere Damen im Betrieb.

Aber war das wichtig?

Das Wochenende nahte und Sonja stellte sich schon einmal die Kleiderfrage für die Feier. Zunächst stand morgen der Friseurbesuch im *Salon Haarscharf* an. Das war ein wenig Luxus, den sie sich gönnte.

Am Montagmorgen, den elften Dezember, rauschte Henriette in Sonjas Büro.

„Na, was sagst du zu meinen neuen goldblonden Strähnchen?"

„Wow! Das sieht gut aus!", musste Sonja neidlos anerkennen.

„Du hast auch die Haare schön. Dieser Schnitt macht dich um Jahre jünger."

„Wo warst du denn?", wollte Sonja wissen.

„Natürlich in München bei *Christian Stinner*, dem bayerischen Meister der Friseure, gleich beim *Marienplatz*. Das bin ich mir wert. Danach musste ich natürlich zu *Ludwig Beck am Rathauseck*. Im dritten Obergeschoss durchsuchte ich die Damen Premium-Abteilung und bin jetzt mit neuen Klamotten eingedeckt, ist ja Weihnachtsfeier am Freitag! In der zweiten Etage hab ich mich nach dem Stress im *Käfer Genuss-Raum* bei Häppchen und Prosecco entspannt und anschließend die *Confiserie Heinemann* aufgesucht auf einen Espresso. Schau mal, hab dir etwas mitgebracht. Kommst ja eh nicht nach München."

Das klang sehr mitleidig.

„Dankeschön. Feine Pralinen. Dass du an mich gedacht hast!?"

Sonjas Telefon klingelte. Die Plauderei war beendet, denn Herr Morgenroth hatte Sonja zu sich gebeten.

Seit dem Gespräch über die Weihnachtswette hatte Henriette dazu kein Wort mehr verloren. Sonja war das gerade recht.

Freitag, 15. Dezember. Dienstschluss ausnahmsweise schon um vierzehn Uhr.

Auf dem Heimweg kaufte Sonja Lebensmittel für das Wochenende ein.

Zu Hause machte sie sich unter der Dusche frisch und schlüpfte dann in eine schmale dunkelblaue Hose. Dazu wählte sie ein sonnengelbes Viskoseshirt mit leicht überschnittenem Arm. Damit konnte man sich beim Bowlen gut bewegen. Sie legte dezentes Make-up auf, frisierte sich sorgfältig, zog eine dünne Strickjacke über, hakte ihr feingliedriges Halskettchen ein und schlüpfte in bequeme Sneakers. Auch das leichte Regencape nahm sie vom Bügel. Der Wetterbericht hatte Niederschläge für den Abend angekündigt.

Mit der Straßenbahn fuhr sie bis zum *Königsplatz*.

Ganz anders die Vorbereitungen bei Henriette:

Sie sah heute bei Herrn Schönhoff ihre Chance. Dieser Versuch musste akribisch geplant werden. Nach dem Duschen verteilte sie Bodylotion mit animalischem Duft und schlüpfte in die neuen Dessous aus München, BH aus rotem Satin mit schwarzer Spitze, einen String Tanga, der eigentlich keine Funktion aufweisen konnte außer Optik, und Strapse mit roten Schleifchen zu schwarz glänzenden Netzstrümpfen. Der silberne Lurex-Mini bedeckte gerade deren oberes Ende. Ein figurbetontes Top krönte die Erscheinung. Darüber trug sie einen seidenen Gehrock, natürlich auch in Schwarz, und peppte ihn mit einer Glamourbrosche auf, die strassbesetzte rote Lippen darstellte. Nochmal über das Haar sprühen, Gelnägel überprüfen, Lippgloss auflegen und in die Louboutins steigen. Ein letzter Blick in den Spiegel, Henriette lächelte sich an, zufrieden und siegessicher.

Das bestellte Taxi stand vor der Tür.

„Auf in den Kampf!", sagte sie sich leise.

Sonja betrat das Bowling-Center um 17 Uhr 40. In der *VIP-Lounge* erwarteten sie bereits die Herren Morgenroth und Schönhoff.

„Guten Abend, Frau Nolte. Schön, dass Sie es wieder mal geschafft haben, die komplette Belegschaft mit Putzfrau und Hausmeister zu gewinnen. Ihr Vorschlag mit Bowling ist mal etwas anderes als nur ein Restaurantbesuch. Es wird bestimmt ein sportlicher und geselliger Abend."

„Das denke ich auch."

Langsam trudelten die Angestellten ein. Alle waren da, nur Henriette fehlte noch. Kurz nach 18 Uhr begrüßte der Seniorchef seine Mitarbeiter und übergab dann das Wort an Herrn Schönhoff. Da war wieder dieses kurze Zucken an seinem Mundwinkel.

„Nun, meine Damen und Herren. Ich darf den sportlichen Teil des Abends eröffnen. Die Bowling-Regeln sollten allgemein bekannt sein. Wir haben hier im VIP-Bereich, ungestört von anderen, vier exklusive Bahnen für uns und losen jetzt die Gruppen aus. Jeder greift in den Hut und begibt sich zu seiner Mannschaft. Die beiden Besten der Vorrunde spielen dann gegeneinander, und das Team mit den meisten Punkten ist der Abendsieger. Zu gewinnen gibt es nichts, außer Spaß. Bestellen Sie nun Ihre Getränke. Ich wünsche uns allen einen vergnüglichen Abend."

Just in diesem Moment erschien Henriette. Sämtliche Augen fixierten sie. Natürlich hatte sie das einkalkuliert und war bewusst zu spät gekommen, um die allgemeine Aufmerksamkeit auf sich zu ziehen. Bei dem Outfit kein Wunder. Die silbern glitzernde Clutch von *Liebeskind* legte sie auf den Tresen, den Gehrock warf sie gekonnt über einen Barhocker, erklomm den danebem, was mit dem Minirock geübt sein wollte, und schälte sich aus einem dünnen Mohair-Pulli mit der Aussage, es wäre heiß hier drinnen. Darunter kam das Top in betörendem Feuerrot zum Vorschein, erwartungsgemäß mit großzügigem Ausschnitt. Sie bestellte sich einen Cocktail, einen *Hot Russian*, und zog aus dem Hut das letzte verbliebene Los. Wie durch Zufall gehörte sie zu Roberts Team.

Der erste Erfolg, dachte sich Henriette.

Sonja auf der Bahn daneben zählte zur Gruppe um ihren Seniorchef.

Nachdem die Getränke serviert worden waren, prostete Henriette Robert zu, der ein kühles Pils geordert hatte.

Der Wettbewerb begann. Die ersten Kugeln rollten ins Ziel und wurden begeistert kommentiert. Henriette war an der Reihe.

Lasziv steckte sie die Finger in die Grifflöcher der schweren Kugel, schritt zur *Foullinie*, hob den Spielball vor ihre Brust und fixierte den mittleren Pin, bevor sie mit einstudiertem Ausfallschritt Anlauf nahm und die Kugel abgab. Dabei rutschte der extrem kurze Rock soweit hoch, dass der Blick frei wurde auf Strumpfhalter mit roten Schleifen bis zum String, der keine Chance hatte, etwas zu verhüllen. Sonja sah entsetzt in die Runde. Die meisten der Herren waren amüsiert und genossen bestimmt diesen Anblick, die Damen schauten empört in die Runde. So etwas Ordinäres! Aber diesen Ruf hatte Henriette ja sowieso in der Firma. Auch Sonja sah Henriette entsetzt an, die genoss sichtlich den Moment, besonders, weil Robert nach ihr dran war. Der konnte gar nicht anders, als dort hinzusehen und hob erstaunt die Augenbrauen. Ein Hauch ihres Parfums erreichte seine Nase. Der linke Mundwinkel zuckte. Henriettes Kugel rollte in die Rinne und brachte keinen Punkt. Das war ihr egal, Hauptsache ihr Körper punktete. Auf der Anzeigetafel symbolisierte ein waagrechter Strich den Fehlwurf, *Miss* genannt.

„Na so was! Das kenn ich gar nicht von mir. Gerade heute, wo es darauf ankommt, treffe ich nicht. Tut mir leid für mein Team", entrüstete sie sich scheinbar und zerrte den Rocksaum wieder etwas nach unten.

„Beim nächsten Mal klappt es bestimmt besser", munterte sie Herr Schönhoff auf und zuckte wieder mit dem Mundwinkel. Er räumte trotz der optischen Ablenkung alle Pins ab und landete einen *Strike*.

Sein Team belegte nach zwei Runden den dritten Platz. Henriette kam das gerade recht, denn während die letzten Mannschaften um den Sieg kämpften, verwickelte sie Robert in ein Gespräch. Immer wieder war übertrieben lautes Lachen zu hören. Die Cocktails taten ihr Übriges. Sonja schämte sich für die Kollegin.

Der Wettkampf endete damit, dass das Team um den Seniorchef die Endrunde erreichte und Sonja auf Platz drei landete, sozusagen Bronze.

Als die Feiernden kurz vor einundzwanzig Uhr aus dem Bowling-Center ins Freie traten, hatte es leicht zu regnen begonnen. Die Gruppe machte sich auf den kurzen Fußweg zum Mexikaner. Henriette nutzte die Gelegenheit, sich bei Robert einzuhaken und schlüpfte sofort unter seinen Regenschirm.

„Sie haben doch nichts dagegen, oder? Außerdem ist es mit meinen neuen Schuhen zu gefährlich auf der nassen Straße. Sie wollen doch keinen Knöchelbruch verantworten?"

„Schon in Ordnung", erlaubte es Herr Schönhoff, ganz Gentleman. Ihr belangloses Geplapper ignorierte er, so gut es ging. Er hatte Mühe, den Schirm wegen des böigen Windes senkrecht zu halten.

Im *Enchilada* angekommen, war es klar, dass sie sich sofort den Stuhl neben Robert schnappte. Herr Morgenroth fragte Sonja, ob sie neben ihm sitzen wollte. Er schätzte die gute Seele der Firma.

„Gerne, wenn Sie das wünschen", freute sich die Sekretärin.

Gegenüber hatte sie Robert und Henriette gut im Blick. Die schien ihn ganz für sich einzunehmen.

Als alle am Tisch saßen, klopfte der Seniorchef mit dem Messerrücken an sein Glas und wartete, bis Ruhe eingetreten war.

„So, meine Damen und Herren, bisher war es ein sportlicher Abend und alle hatten Spaß, wie ich sehen konnte. Nochmals herzlichen Glückwunsch an unsere Sieger beim Bowling. Den dritten Platz hat Frau Nolte erreicht, auf Nummer zwei kam Herr Schmittner und die Siegerin war heute Frau Bornemann. Respekt! Nun gehen wir zum gemütlichen Teil über und gönnen uns etwas Feines für den Gaumen. Bestellen Sie je nach Gusto. Ich wünsche guten Appetit!"

Flinke Kellner nahmen die Getränkewünsche auf und eilten mit vollen Tabletts an den langen Tisch. Sonja hatte gegen den Durst zunächst ein Pils bestellt, wechselte beim Essen zum Chardonnay.

Robert orderte ein Weißbier, Henriette gleich einen spanischen Rioja, Marques de Altillo Tinto, bei dem sie den ganzen Abend blieb.

Während des Essens hob Henriette immer wieder ihr Glas und prostete den anderen zu, besonders natürlich Herrn Schönhoff. Der ließ sich nicht lumpen, nippte aber oft nur an seinem Glas und wollte sich auf keinen Fall blamieren. Sein Mundwinkel zuckte häufiger.

Gegen halb zwölf bat Herr Morgenroth noch einmal um Aufmerksamkeit:

„Liebe Mitarbeiterinnen, liebe Mitarbeiter, ich hoffe, es hat Ihnen geschmeckt und Sie sind satt geworden. Bitte bestellen Sie nun die letzte Runde Getränke. Ich habe mich gefreut, dass Sie alle dabei waren und wünsche einen guten Heimweg."

Begeisterter Applaus ertönte. Langsam verließen die ersten das Restaurant. Sonja verabschiedete sich, nicht ohne sich bei ihrem Chef zu bedanken, und stieg in ein Taxi.

Robert und Henriette waren bei den letzten, die hinaus in den Regen schritten, sie schon etwas wackelig auf ihren Stöckelschuhen.

„Sie werden aber jetzt nicht versagen, Herr Schönhoff, und eine Dame allein im Regen stehen lassen? Ich habe Lust zu tanzen! Sie begleiten mich jetzt in eine Bar! Ich schlage vor, wir gehen ins *Peaches* oder, noch besser, in die *Mahagoni Bar* gleich um die Ecke. Ein Absacker muss mindestens noch drin sein."

So überrumpelte sie ihren Chef.

„Aber nur kurz. Der Tag war lang und ich möchte nach Hause. Ist es noch weit?"

Herr Schönhoff kannte natürlich die angesagten Locations nicht. Er hatte die letzten Jahre im Ausland gearbeitet. Widerwillig ließ er sich mitschleppen.

Geschafft, dachte Henriette bei sich.

Natürlich bekam sie als Stammgast einen Platz an der Theke. Der Barkeeper fragte:

„Das Übliche, Hetty? Und auch für deinen Begleiter? Hast heute einen besonders gut aussehenden Kavalier dabei, Glückwunsch!"

Henriette nickte und musste zugeben, Harry hatte Recht. Robert war ein schöner Mann.

Heute wollte sie sämtliche Chancen nutzen, ihre Weihnachtswette zu gewinnen.

Es blieb nicht bei einem Drink, Roberts Widerstand schwand mit jedem Glas, das sie ihm aufdrängte. Aus Höflichkeit machte er eine Weile mit.

„Jetzt sollten wir es gut sein lassen. Harry, rufst du uns bitte ein Taxi?"

Henriette wandte sich dann an ihren Begleiter:

„Wo wohnen Sie eigentlich, Robert, oder darf ich Sie nicht so nennen?"

Er ging darauf gar nicht ein und antwortete:

„In *Bergheim*, und Sie?"

„In *Göggingen*, das liegt auf dem Weg. Wie praktisch."

Sie stützten sich gegenseitig, um in den Wagen zu gelangen. Vor Henriettes Adresse hielt der Fahrer an.

„So, Robert, jetzt noch einen starken Kaffee bei mir. Sonst schaffen Sie es nicht bis nach Hause. Los, auf geht's!"

Sie bezahlte den Chauffeur großzügig und zerrte Herrn Schönhoff in den Lift. Oben am Penthouse angekommen flötete sie:

„Legen Sie ab, machen Sie sich´s gemütlich. Ich heize die Kaffeemaschine an und mach mich kurz frisch." Aus den Boxen der *Bose* Dolby Surround Anlage schmachteten leise *Serge Gainsbourg* und *Jane Birkin*: „Je t'aime moi non plus"

Robert versank im weichen Sessel und begutachtete die Einrichtung — wie vermutet sparsam und mit teuren Markenmöbeln ausgestattet.

Henriette sah sich ihrem Ziel schon sehr nahe.

Im Badezimmer zog sie sich bis auf die Dessous aus und schlüpfte in das transparente Negligé. Sie bereitete zwei Espressi, dimmte das Licht im Wohnzimmer und ging mit dem Tablett erwartungsvoll auf Robert zu.

Das war doch nicht zu fassen!

Entsetzt musste sie feststellen, dass das Objekt ihrer Begierde eingeschlafen und nicht mehr ansprechbar war.

„So ein Mist aber auch!", schmollte sie wütend und enttäuscht vor sich hin. Für heute war ihre Chance vertan. Aber sie hatte noch eine Woche, bis die Weihnachtswette auslaufen würde. Mitleidig deckte sie Robert zu und ging allein zu Bett. Der Alkohol half beim Einschlafen.

Montagmorgen, achtzehnter Dezember. Der interne „Nachrichtendienst" der Firma meldete Neuigkeiten. In der Teeküche hatten diverse Kolleginnen erzählt, sie hätten beobachtet, wie Herr Schönhoff mit Henriette das Restaurant verlassen hätte. Nach dem Besuch der Mahagoni Bar wären beide zusammen in ein Taxi gestiegen und weggefahren. Diverse Spekulationen machten die Runde. Sonja ahnte Schlimmes. Sollte es ihre Kollegin geschafft und die Wette gewonnen haben? Sie wollte das nicht glauben.

Henriette vermied den ganzen Montag lang den Kontakt zu ihr. Enttäuscht kaufte Sonja schon einmal den Champagner. Herr Schönhoff ließ sich nichts anmerken und behandelte Sonja wie immer freundlich und korrekt.

Am nächsten Tag ergab sich die Gelegenheit, bei der ihr Henriette nicht mehr ausweichen konnte.

„Na, wie hat dir die Weihnachtsfeier gefallen?", wollte Sonja wissen.

„Beim Bowling hab ich ganz schön versagt, aber Spaß hatte ich trotzdem mit Robert. Er war noch bei mir, die ganze Nacht."

„Oh!", sagte Sonja enttäuscht.

Henriette lächelte vielsagend, verdrehte die Augen und ließ ihre Kollegin im Flur stehen.

„Hatte sie es geschafft?" Das hätte Sonja von Herrn Schönhoff nicht gedacht.

Er ist halt auch nur ein Mann!

Und sie? Eine Tippse mit Schmetterlingen im Bauch.

„Die sollte ich besser freilassen", entschied Sonja.

Vor dem Weihnachtsfest am Sonntag und dem Jahreswechsel war viel zu erledigen. Das erforderte die volle Konzentration der Chefsekretärin und ließ kaum Zeit, während des Tages an Robert zu denken. Er verhielt sich allen gegenüber wie immer. Am Abend jedoch kreisten ihre Gedanken um ihn:

War er wirklich bei Henriette gewesen, hatten sie...? Hatte sie ihn so falsch eingeschätzt?

Tränen der Enttäuschung kullerten über ihre Wangen, obwohl sie es nicht sicher wusste.

Sonja hatte am Freitagmorgen vor Dienstbeginn — es war der letzte Arbeitstag vor den Feiertagen — unbemerkt den Champagner in Henriettes Büro gestellt. Wettschulden werden eingelöst!

Die Kollegin war an dem Tag gar nicht erschienen, stellte sich später heraus. Gegen Mittag erfuhr Sonja von Herrn Morgenroth, dass Henriette König unerwartet gekündigt und ihren Resturlaub genommen hatte.

„Frau König hat überraschend ein Angebot unterbreitet bekommen, das sie spontan angenommen hat", so der Seniorchef. „Da möchte ich nicht im Weg stehen! Machen Sie bitte ihre Papiere fertig, Frau Nolte."

Sonja konnte es zunächst nicht fassen und dachte: „Sie ist alt genug, um zu wissen, was sie tut."

Sonja hatte die Arbeit fast geschafft. Ein paar Diktate abtippen und eine Tabelle erstellen wollte sie in Ruhe am nächsten Vormittag erledigen.

Außer der Putzfrau war samstags niemand im Gebäude. Zuerst hatte Sonja eine Runde mit der Gießkanne absolviert. Die Pflanzen sollten über die Feiertage nicht verdursten. Sie startete den PC, legte die Kassette ins Abspielgerät und setzte die Kopfhörer auf. Als sie mit dem letzten Schreiben fast fertig war, tippte ihr jemand auf die Schulter. Sie erschrak zu Tode.

„Entschuldigung, Frau Nolte. War keine Absicht."

Herr Schönhoff sah in ein erstauntes Gesicht und zuckte mit dem Mundwinkel.

„Das will ich doch hoffen. Was machen Sie denn hier? Es ist Samstag!"

„Das könnte ich Sie fragen."

„Für Herrn Morgenroth gab es noch etwas zu erledigen. Bin gleich fertig. Der Urlaub kann kommen."

„Den haben Sie verdient. Darf ich noch eine persönliche Frage stellen?"

„Natürlich."

Gespannt sah sie Herrn Schönhoff an.

„Was haben Sie morgen vor?"

„Morgen ist Heiliger Abend!"

„Ich weiß. Darum frage ich."

„Nichts Besonderes. Ich werde auf den Friedhof gehen, danach meine Tante besuchen und anschließend daheim mit Musik und einem spannenden Buch Weihnachten feiern."

„Da wüsste ich etwas Besseres. Ich koche für uns und hole Sie zum Abendessen ab. So um sechs?"

Sonja fiel aus allen Wolken. Robert würde für sie kochen? Noch nie hatte ein Mann …

„Ich koche gut, um nicht zu sagen ausgezeichnet. Ich biete folgendes Menü an:

Consommé mit Eierstich und Gemüse-Julienne, Böfflamot, Kartoffelstampf und Wintersalatvariation, Bayerische Creme als Dessert, alles natürlich mit den passenden Weinen. Trifft das Ihren Geschmack?"

Wieder zuckte sein Mundwinkel mehrmals. Er sah sie an, und sie wollte schon wieder in seine Augen abtauchen.

„Wie, *Sie* wollen für *mich* kochen? Und zu sich einladen? Das kann ich nicht glauben. Möchten Sie nicht mit Frau König Weihnachten feiern?"

„Wie kommen Sie denn darauf?"

„Ach nichts. – Ja, Sie dürfen mich abholen!"

An Heilig Abend.

Herr Schönhoff hatte wirklich hervorragend gekocht. Sonja war begeistert, nicht nur vom Essen und Wein, sondern auch von der geschmackvoll eingerichteten Wohnung und der mächtigen Bibliothek.

Sie trugen gemeinsam das Geschirr in die Küche.

„Wollen Sie nicht Robert zu mir sagen?", fragte er beiläufig beim Einräumen der Spülmaschine. Da war wieder dieses Zucken.

„Das halte ich nicht für angebracht. Sie sind schließlich mein Chef."

„Das sollte kein Grund sein, Sonja. Ich habe mich in Sie verliebt, auf den ersten Blick. So, jetzt ist es endlich raus."

Ein Kreisel der Gefühle drehte sich mit rasanter Geschwindigkeit in Sonjas Kopf.

Sonja sah ihn fragend an. Das konnte doch nicht sein. Sie trat einen Schritt zurück.

„Was ist los? Warum sagen Sie nichts?"

„Weil, weil ..."

„Weil was?"

„Sie sollen nach der Weihnachtsfeier mit Frau König unterwegs gewesen sein und mit ihr ..."

„Das stimmt, sie hatte mich gedrängt, und als Gentleman wollte ich sie nicht allein zurücklassen. Das hätte ich besser nicht getan, auch nicht, mit zu ihr zu gehen. Den Espresso hätte ich zwar nötig gehabt, aber die Müdigkeit hatte gesiegt, und ich bin im Sessel eingeschlafen. Peinlich! Sie hatte sich die Nacht wohl anders vorgestellt. Als zukünftiger Chef kann ich mir das nicht erlauben! Das war alles. Und außerdem: Sie ist mir zu ordinär!"

Erleichtert sagte Sonja:

„Und ich dachte, Sie, du hättest mit ihr ..."

„Nein, hab ich nicht. Was denkst du von mir?"

„Dann hat sie also die Weihnachtswette verloren und ich dumme Ziege hab schon den *Veuve Clicquot* in ihr Büro gestellt."

„Wie? Weihnachtswette."

„Vergiss es, Robert. Du bist das beste Weihnachtsgeschenk, das ich je bekommen habe. Küss mich jetzt endlich!", lachte sie ihn an und ließ sich in seine Arme fallen.

Ein besonderes Weihnachtsgeschenk

Augsburg, Anfang der siebziger Jahre.

Es war Advent, die besinnliche Zeit vor Weihnachten. Etwas Geheimnisvolles verzauberte diese Wochen vor dem Fest. Die Einkaufsstraßen der Innenstadt waren nach der Dämmerung mit Girlanden und Sternen erhellt. Schaufenster zeigten sich festlich dekoriert.

Bei der Firma *Kröll & Nill* luden Märchenszenen mit bewegten Figuren zum Verweilen ein. Kinder drückten sich die Nasen platt und wischten mit den Händen den gefrierenden Atem vom Glas. Natürlich hatten auch die Buden des Christkindlesmarktes geöffnet. Düfte von gebrannten Nüssen, Glühwein, süßem Adventsgebäck und Bratwürsten konkurrierten miteinander.

Damals wurde in der Vorweihnachtszeit gefastet. So auch bei Familie Basler. Außer Äpfeln gab es nichts Süßes, ausgenommen Honig oder Marmelade aufs Rama-Brot. Tochter Trudi war gerade einmal sechs Jahre alt geworden. Die älteren Geschwister, Martin zehn und Irmi fünfzehn, wollten ihrer kleinen Schwester ein Weihnachtsgeschenk machen.

„Möglichst selber bauen", meinten die Eltern, „dann ist es etwas Besonderes!"

Abends wurden während des Advents im Kreis der Familie Geschichten vorgelesen. Andächtig hörte Trudi zu und ließ sich in eine wundervolle Stimmung versetzen. Ob das Christkind wohl ihren Wunschzettel bekommen hatte?

Bringt ihn der Postbote in den Himmel? Oder hat das Jesuskind einen Briefkasten in der Stadt?

Diese Gedanken beschäftigten Trudi, doch sie traute sich nicht zu fragen.

Auch ihre Geschwister hatten die Wünsche in Schönschrift notiert und sogar mit Zeichnungen versehen. Dann sollte nichts schiefgehen. Der Bub würde sich über eine elektrische Eisenbahn freuen, die er schon letztes Jahr nicht bekommen hatte. Heuer versuchte er es wieder. Irmi wünschte sich Bücher und Wolle. Daraus würde sie einen Poncho häkeln, damals absolut modern. Trudi wünschte sich einen Teddybär und einen Puppenwagen aus Korbgeflecht für ihre Leni, die im Moment mit einem Schuhkarton durch die Wohnung gezogen wurde.

Mutti hatte die Zettel eingesammelt und versprochen sie weiterzuleiten. Martin und Irmi glaubten zwar nicht mehr daran, wahrten aber den Schein, der Kleinen zu Liebe.

Eines Abends, Trudi war schon im Bett, eröffnete Vati den beiden älteren Kindern folgende Idee:

„Mir ist etwas eingefallen, was ihr für Trudi bauen könntet — ein Puppenhaus! Was meint ihr?"

Sofort waren alle begeistert.

„Vielleicht kann uns Opa den Rohbau machen. Als Schreiner hat er Material und Werkzeug", meinte Martin.

„Bestimmt wird er uns helfen", war sich Irmi sicher. „Ich ruf ihn gleich morgen an."

Sofort begannen sie eine Skizze zu zeichnen. Im Erdgeschoss sollte es Wohnzimmer, Küche und einen

Abstellraum geben. Im ersten Stock das Elternschlaf-
zimmer, das Bad und das gemeinsame Kinderzimmer.
Unter dem Dachspitz wollten sie einen Trockenbo-
den für die Wäsche einrichten und einen Abstell-
raum. Sie besprachen die Verteilung der notwendi-
gen Arbeiten. Martin bot an, sich um Bodenbeläge
und Tapeten zu kümmern, Irmi nahm sich vor, die
Vorhänge, Tisch- und Bettwäsche zu nähen. Manche
Einrichtungsgegenstände mussten sie dazukaufen und
machten eine Liste. Vor lauter Begeisterung vergaßen
sie die Zeit und kamen erst spät ins Bett.

Gleich am nächsten Tag, die Hausaufgaben waren
schnell erledigt, gingen die beiden Kinder in die
Stadt. Damals gab es in Augsburg zwei Spielwarenge-
schäfte. Beide waren vor Weihnachten gut sortiert
und boten prall gefüllte Regale.

Über dem Eingang von *Hartmann* blies der *Pustefix-
Bär* Seifenblasen in die Luft, die in allen Regenbo-
genfarben tanzten, allerdings nicht im Winter. Die
Geschwister betraten den Laden und teilten sich auf.
Irmi kümmerte sich um Einrichtungsgegenstände,
Martin zog es magisch in die Modellbau-Abteilung,
wo auch Eisenbahnen aufgebaut waren. Sein Wunsch
war das Starterpaket *Schwarze Anna* von *Fleischmann*.
Ob es heuer klappen würde?

Irmi hatte inzwischen die Möbel ausgesucht, war-
tete vor dem Laden und zeigte sie ihrem Bruder.

„Hast du gut gemacht, gefällt mir! Was hältst du
davon, wenn wir in jedes Zimmer Beleuchtung ein-
bauen? Das wär´s doch! Ist noch Geld übrig?"

„Ja, ich hab nicht alles ausgegeben."

„Dann lass uns zu *Theinert* gehen und schauen, was es dort gibt."

Gesagt, getan. Sie besorgten Lampen, Steckdosen und Schalter und fanden noch ein paar Kleinigkeiten für die Küche.

Daheim mussten sie natürlich bis abends warten, um ihre Schätze den Eltern zu präsentieren. Alle waren begeistert und sich einig, dass es ein besonders schönes Puppenhaus werden würde. Mutti holte Nähkästchen und Stoffreste. Ein alter Vorhang wurde als Wohnzimmerteppich und Badvorleger umgearbeitet, alles andere hatte viel zu große Muster und war nicht zu gebrauchen. Aber es gab ja das *Restehaus Meier* am *Vorderen Lech*. Irmi fand dort passende Stoffe und Borten für wenig Geld. Daraus fertigte sie Teppiche, Vorhänge und Bettwäsche.

Am zweiten Advent kamen die Großeltern zu Besuch. Oma entführte nach dem Mittagessen Trudi auf den berühmten Augsburger Christkindlesmarkt. Der Großvater stellte inzwischen das Puppenhaus in die Werkstatt. Schön war es geworden! Das frische Holz verteilte harzigen Duft im ganzen Raum. Vorne stand die Fassade zum Spielen offen, Fenster- und Türöffnungen waren ausgesägt und mit der Feile geglättet. Das Dach hatte Opa mit Schindeln gedeckt. Sogar ein Kamin war aufgesetzt. Aus Blech hatte er einen Rauchfang gebogen und in der Küche befestigt. Jetzt machten sich die Geschwister ans Werk. Martin klebte Tapeten aus sorgsam gebügelten Geschenkpapieren an die Wände und lackierte die Dachschindeln ziegelrot. Irmi fädelte kleine Glasperlen auf und befestigte den Vorhang zwischen Küche und Wohnraum. Papa brachte einen Klingeltransformator zur Stromversorgung der Lampen, dünne zweiadrige Kabel und Krampen zur Befestigung. Allen machte es riesige Freude, das Häuschen zu verschönern.

Punkt sechzehn Uhr war Oma mit Trudi vom Christkindlesmarkt zurück, durchgefroren und glücklich. Da kam der Adventskaffee gerade recht. Großmutter hatte ihr beliebtes Früchtebrot mitgebracht. Sie stellte es nach altem Rezept aus Kletzen, also getrockneten Birnen, sowie Dörrobst aus Zwetschgen, Datteln, Feigen, Aprikosen und Rosinen mit Nüssen und wenig Mehl her. Rum und weihnachtliche Gewürze durften nicht fehlen. Dieses Gebäck war trotz Fastenzeit erlaubt.

Die Kleine erzählte von den schönen Dingen, die sie auf dem Markt entdeckt hatte und wie gut es ihr gefallen hatte. Besonders die Krippe mit lebensgroßen Figuren und Schafen und Esel, die man streicheln durfte, hatten es dem Stadtkind angetan. Zum ersten Mal kostete sie auch eine heiße Marone, die durch die Wollhandschuhe die Finger wärmte und später fein schmeckte. Trudi hatte bis dahin nur Rosskastanien gekannt, aus denen sie kleine Figuren bastelte.

Die Tage bis zum vierten Advent vergingen wie im Flug. Wenn Trudi ins Bett musste, durfte sie die Spieluhr aufziehen und mit der Melodie einschlafen. Manchmal hatte Mama wie zufällig einige Locken Engelshaar an der Garderobe angebracht. Die Kleine freute sich jedes Mal, wenn ein Engelchen vorbeigeschaut hatte. Man wollte ihr die Illusion nicht nehmen.

Inzwischen war das Puppenhaus fast fertig. Irmi hatte noch einen Vorhang genäht, damit man das schwarze Bakelit-Gehäuse des Trafos in der Abstellkammer nicht gleich sehen konnte. Papa hatte die Elektroinstallation verdrahtet. In jedem Zimmer gab es nun Licht. Martin kam noch eine Idee. Er brachte einen kleinen Fernsehapparat, den er von einem Freund gegen Hausaufgabenhilfe eingetauscht hatte. Mit einem Drücker konnte man Fotos von Paris anschauen, ein Urlaub-Souvenir. Der Bub stellte das kleine Gerät ins Wohnzimmer. Dann hatte Papa einen Geistesblitz:

„Martin, du gehst morgen nochmal ins Spielwarengeschäft und kaufst einen kleinen Elektromotor mit niedriger Übersetzung. Wir bauen dazu eine Fernsehantenne mit Rotor aufs Dach."

„Genial, das machen wir."

Am nächsten Abend wurden die Antennenrechen aus versilbertem Kupferdraht zusammengelötet, ein dünnes Metallrohr stellte den Mast dar und endete im Trockenboden an einer Befestigungsschelle. Die Bastelarbeit machte allen Spaß, und das Ergebnis konnte sich sehen lassen. Oma besorgte die Figuren zur Puppenfamilie in passender Größe und stellte auch noch Katze und Hund dazu. Nun war alles komplett. Auf die Reaktion von Trudi waren alle gespannt.

Der 24. Dezember begrüßte die Stadt mit feinem Schneefall wie bestellt. Die Läden schlossen um vierzehn Uhr, letzte Besorgungen waren erledigt und die Menschen strömten voll bepackt nach Hause. Die Auslagen der Holzbuden des Christkindlesmarktes waren hochgeklappt, die Fieranten räumten die restliche Ware in ihre Anhänger und verließen den Rathausplatz. Langsam leerte sich die Stadt.

Am Spätnachmittag besuchte Familie Basler das Grab der Verstorbenen. Ein frisches Tannengesteck schmückte nun die letzte Ruhestätte im Friedhof, eine Kerze wurde entzündet und sie beteten gemeinsam. Der Schneefall hatte zugenommen. Dicke Flocken tanzten auf die Stadt herunter.

Wieder daheim erhitzte Mutti die Wiener Würstchen und rührte den Kartoffelsalat mit Gurke noch einmal durch. Die Kinder deckten den Tisch ein. Ihre Anspannung stieg. Seit Mittag war das Wohnzimmer abgeschlossen. Vati hatte Trudi erklärt, dass das Christkind die Geschenke in Ruhe abliefern wollte.

Schließlich schlug die alte Standuhr und kündigte die Zeit an: achtzehn Uhr. Länger wollte man die Nerven der Kinder nicht auf die Folter spannen.

Papa öffnete das Wohnzimmer, ein helles Glöckchen ertönte und erlaubte endlich den Zutritt. Das Deckenlicht war heruntergedimmt, die hüpfenden Flammen der Wachskerzen am Christbaum spiegelten sich in bunten Glaskugeln. Vati hatte Wunderkerzen entzündet. Mit großen Augen bestaunten die Kinder die festlich geschmückte Tanne, nicht ohne einen Blick auf die Pakete darunter zu riskieren.

Zunächst sangen Martin und Trudi die einstudierten Weihnachtslieder. Irmi spielte Blockflöte, Martin begleitete sie auf der Gitarre. Nach drei Liedern sei genug musiziert, meinten die Kinder. Die Geschenke durften bestaunt werden. Trudi entdeckte unterm Baum einen Teddy von *Steiff* in einem Korbpuppenwagen und zog ihn freudestrahlend durch den Raum.

„Wie soll ich den Bär nennen?", fragte die Jüngste. Man einigte sich auf Emil.

Irmi öffnete eine Schachtel mit bunten Wollknäueln und passender Häkelnadel. Auch Bücher lagen auf dem Gabentisch: *Onkel Toms Hütte*, *Huckleberry Finn* und ein Handarbeitsbuch. Wünsche erfüllt.

Nun zu Martin. Er entfernte gespannt das Geschenkpapier. Der Größe nach zu urteilen, könnte es das Starterpaket sein. Ja, es stimmte! Die Mundwinkel des Buben schoben sich fast bis zu den Ohren.

„Willst du die Eisenbahn nicht gleich aufbauen?", ermunterte ihn sein Papa, der es selbst nicht erwarten konnte, die *Schwarze Anna* in Aktion zu erleben.

Zunächst holten die Kinder die selbst gebastelten Geschenke und verteilten sie an die Erwachsenen.

Dann stand Vati auf und zog das Tuch vom Puppenhaus auf dem Schreibtisch. Dorthin hatte niemand geschaut.

„Trudi, da ist noch etwas für dich!"
Gespannt beobachteten alle Familienmitglieder die Kleine, die gar nicht wusste, wohin sie zuerst schauen sollte. Vor lauter Staunen kam außer einem „Oh" nichts von ihren Lippen. Genauestens betrachtete Trudi jeden Raum.

„Du kannst in jedem Zimmer Licht machen", erklärte ihr Martin und drehte den Schalter im Wohnzimmer. Deckenleuchte und Stehlampe gingen an. Das gefiel Trudi. Sie schaltete nun überall das Licht ein. Das Häuschen erstrahlte in prächtigem Glanz. Dann holte das Mädchen Emil aus dem Puppenwagen und zeigte ihm alles ganz genau.

„Schau mal. Da steht sogar ein Fernsehgerät!"

„Damit jedes Programm scharf zu empfangen ist, kannst du den Antennenmast drehen", erklärte Papa und zeigte ihr den Schalter für den Rotor.

Am Bild des Fernsehers änderte sich natürlich nichts, aber der Gag war es wert.

„Ihr habt aber schon an wirklich alles gedacht!" Oma war sprachlos über den Einfall.

Fasziniert stand Trudi vor ihrem neuen Spielzeug. Sie strahlte, alle anderen auch, die es gebaut hatten. Trudi besah sich genau die Außenwände und stellte dann fest:

„Das Christkind hat etwas vergessen!"

„Was meinst du?", fragte Papa.

„Kannst du bitte einen Briefkasten bauen? Und eine Haustürklingel fehlt auch noch! Das Namensschild kann ich aber schon selber schreiben."

Alle Umstehenden mussten lachen und freuten sich, dass Trudi noch an das Christkind glaubte.

Jahreswechsel in Venedig

Diese wunderbare Stadt mit ihrem ganz besonderen Charme hatte ich mit meinem Mann Otto schon öfters besucht, immer im Frühjahr oder Spätherbst. In Cavallino war der Campingplatz *Mediterraneo* unser liebstes Quartier. Von dort aus kann man Venedig in etwa vierzig Minuten erreichen, zunächst mit dem Omnibus zur Bootsanlegestelle nach *Punta Sabbioni*, dann mit dem *Vaporetto* direkt zur einzigartigen *Piazza San Marco*.

Diesmal, es war irgendwann in den Achtzigern, wollten wir die Serenissima im Winter erleben, genauer gesagt zu Silvester.

Wir suchten im Campingführer einen Platz, der ganzjährig geöffnet hatte und fanden ein Tourist Village südwestlich von Venedig in Fusina.

Unser alter blauer VW-Bus war gepackt, Lire eingewechselt und Proviant hergerichtet.

Am frühen Morgen des neunundzwanzigsten Dezembers starteten wir von Augsburg aus Richtung Süden über die verschneiten Alpen. Allein schon die Fahrt konnten wir bei allerbestem Wetter genießen. Verschneite Berge glitzerten in der Sonne, die Häuser hatten sich unter weiche Schneemützen geduckt. Auf freigeräumten Straßen kamen wir gut voran. Gleich nach den Grenzkontrollen am Brenner ließen wir uns vom allerersten Espresso in einer kleinen Lavazza-Bar in Urlaubsstimmung versetzen. Die Ortschaften in Südtirol präsentierten sich im Festtagsgewand.

Leuchtende Weihnachtsgirlanden waren über die Hauptstraßen gespannt, bunt blinkende Kometen an den Hauswänden funkelten uns entgegen, und riesige Schneemänner mit dicken Bäuchen, Kohlenaugen, Karottennasen und Plastikeimern als Zylinder bewachten die Vorgärten.

Am späten Nachmittag erreichten wir auf der Westseite des Gardasees Toscolano, wo wir auf dem Campingplatz *La Foce* übernachteten. Carlo, der alte Herr, der sich immer bestens um die Feriengäste kümmerte, war über unseren unerwarteten Besuch hocherfreut. Wir kannten uns von vielen Urlaubsaufenthalten dort. Seit dem Tod seiner Frau hatte er sich in einem Wohnwagen auf dem Campingplatz einquartiert und versorgte auch die streunenden Katzen mit Liebe und Futter. Wir erzählten von unserem Vorhaben, schenkten ihm am nächsten Morgen zum Abschied eine Flasche bayerisches Weißbier, das er so gerne mochte, und versprachen, auf der Rückreise wieder bei ihm vorbeizuschauen. Er freute sich und wünschte uns *buon viaggio*.

Der klare Tag versprach eine angenehme Fahrt. Bei kühler Temperatur führte uns der Weg zunächst nach Verona, dann über Vicenza nach Padua und dann Richtung Venezia.

Zur damaligen Zeit fuhr man nach Straßenkarten. Navigationssysteme gab es noch nicht. Wir entdeckten schließlich ein Hinweisschild *Camping Fusina* und folgten ihm. Ja, wir waren angekommen.

An der Rezeption füllten wir die Meldebogen aus, gaben die Reisepässe ab und suchten uns einen Stellplatz. Bei der ersten Orientierungsrunde über das Areal stellten wir überrascht fest, dass trotz dieser Jahreszeit viele Gäste hier Station machten, hauptsächlich junge Leute aus aller Herren Länder.

„Schau, hier sind die Sanitäranlagen!", rief mir Otto zu. Wir inspizierten sie. Na ja, einfach, aber für ein paar Tage ausreichend. Wir holten unser Waschzeug und suchten die Duschen auf. Sie waren natürlich getrennt nach *uomini* und *donne*, also Männern und Frauen. Ich fand eine frei gewordene Kabine mit wandhohen Kacheln aus verschiedenen, wild durcheinander gemischten Dekoren, ohne jegliches System angeordnet. Egal. Bis zum Wellblechdach oben waren etwa dreißig Zentimeter offen, sodass die feuchte Luft gut abziehen konnte. Zwei Kleiderhaken waren mit rostigen Schrauben an die Innenseite der Tür montiert, die auch nicht bis nach unten reichte. Auf dem Fußboden mit dem Abfluss in der Mitte lag ein ausgebleichter Holzrost. Ein schon recht schief hängendes, kleines Regalbrett diente als Ablage für Seife und Shampoo. Vorsichtig schlüpfte ich aus meiner Kleidung, möglichst, ohne sie nass zu machen, hängte sie an die Haken, darüber das Duschtuch und drehte vorsichtig an den beiden Wasserhähnen. Wie vermutet spritzte das Nass aus wenigen nicht verkalkten Löchern des Brausekopfes in alle Richtungen und mit ständig wechselnder Temperatur, weil sich kalt und warm nicht einigen konnten. Das mit dem Duschtuch über der Kleidung war eine kluge Eingebung gewesen. Unter der Tür zog nun kalte Luft herein und hinterließ ein Frösteln auf meinem Körper. Also drehte ich den Griff mit der Aufschrift *Calda* etwas weiter auf. Es nützte nicht gerade viel, heiß wurde es sowieso nicht. Alle Kabinen waren mit Duschenden bevölkert. Kaum hatte ich meinen Kopf mit Haarseife eingeschäumt, blieb das warme Wasser ganz aus. Es hatte sich entschieden, dem kalten Gefährten den Vortritt am Lochblech der Brause zu lassen. Na prima! So ein Mist! Standhaft zitternd wusch ich das Shampoo aus, so gut das eben ging, und rubbelte mich schnell trocken. Wie ein Flamingo auf einem Bein balancierend, versuchte ich, trocken in meine Kleidung zu gelangen. Ein Hosenbein wurde trotzdem nass.

Zurück an unserem Bus erzählte mir mein Mann, dass es ihm ähnlich ergangen war. Logisch. Jetzt etwas Warmes in den Bauch! So öffnete ich das Ventil an der Gaskartusche des einflammigen Kochers und setzte Wasser auf für eine Tütensuppe. Nicht gerade gesund, aber wenigstens heiß. Nach der Mahlzeit spazierten wir zur Rezeption im Empfangshäuschen und erkundigten uns, wie wir von hier nach Venedig kommen konnten. Der Platzwart erklärte uns:

„In Winter keine Schiffe-Verbindung von Fusina aus. Aber *fermata*, Autobus gleich nahe."

Er drückte uns einen Faltplan mit den Abfahrtszeiten in die Hand. Wir bedankten uns, gingen zurück und legten uns schlafen.

Am nächsten Morgen krochen wir, noch nicht so ganz wach, aus unseren klammen Schlafsäcken. Die Nacht war kalt gewesen, und durch die hochgeklapp-

241

te Dachluke drang nicht nur frische Luft in den Bus. Eine Gruppe Jugendlicher aus Asien schlug direkt neben uns ihre Zelte auf. Sie kicherten in einer lustigen Sprache und nicht gerade leise. Das machte aber nichts. Ich ging als erste zum Waschen, Otto bereitete inzwischen auf dem Gaskocher Espresso zu. Ich war danach mit Spüldienst dran, während Otto sich im Waschraum fertig machte. Mit Rucksack und guten Wanderschuhen ausgestattet liefen wir zur Haltestelle, mit uns bestimmt noch weitere fünfundzwanzig Touristen. Die Fahrt führte über Marghera zum Bahnhof *Santa Lucia* von Venedig. Der Omnibus entließ uns in die Sehnsuchtsstadt.

Den *Canal Grande* überquerten wir und hielten uns an die immer wieder auftauchenden Hinweisschilder Richtung *San Marco*. Kleine Läden wechselten sich ab mit Bars, Manufakturen und Palazzi. Unzählige Brücken führten uns über die Wasserwege, die zum Teil mit Booten befahren wurden. Trotz Stadtplan konnte man sich leicht verlaufen, aber die Nebenwege eröffneten uns wunderbare Ausblicke in manche Gärten und Innenhöfe. Das Morbide war überall zu spüren. Wir ließen uns treiben und nahmen kurz vor Mittag einen Snack zu uns, *Tramezzini* und einen *ombra*, Schatten, das ist eine Weißwein-Schorle. Wir stromerten weiter durch die Gassen, und in einem winzigen Laden entdeckte ich eine Glasmanufaktur, wo man dem Künstler bei der Arbeit zusehen konnte. In ein Paar Ohrhänger in Form von blauen Vögelchen verliebte ich mich sofort. Mein Mann kaufte sie mir und für sich eine winzige

Schildkröten-Familie mit drei Kindern. Haben wir noch heute. Anschließend hielten wir uns in Richtung *Accademia*. Eine kleine Bar lockte uns zum Verweilen bei Espresso und Brioche. Dort sprach uns ein Paar an. Sie waren aus der Gegend um Stuttgart und zum ersten Mal in Venedig. Nach einem kurzen Plausch fragte er:

„Hätten Sie etwas dagegen, wenn wir uns Ihnen anschließen? Wir wollen auch zum Markusplatz."

Wir hatten nichts dagegen und erklärten ihnen manche Sehenswürdigkeit, die wir von früheren Besuchen schon kannten. An die Namen der beiden kann ich mich nicht mehr erinnern. Er, etwa um die dreißig, war sehr interessiert. Sie dagegen, etwa zehn Jahre jünger, konnte an keinem Lederwarengeschäft vorbeigehen, ohne sich Handtaschen und Schuhe anzuschauen. Ihr Begleiter sah sich nach Buchhandlungen und Antiquitätenläden um. Vor dem Schaufenster eines Juweliers blieb er stehen und schaute ganz begeistert auf ein schmales Armband.

„Würde dir das gefallen? Ich finde es ausgesprochen apart!", und zog sie näher.

„Damit würde ich nie rumlaufen. Das ist altmodisch und nicht in. Wenn du mir schon was schenken willst, dann die Lederhandtasche, die ich mir vorhin angeschaut habe", piepste sie mit ihrer Minnie-Maus-Stimme.

„Nein, die Tasche ist weder schick, noch im Preis angemessen. Und kommt bestimmt nicht aus Italien. Wenn dir der Schmuck nicht gefällt, bekommst du eben garnichts." Er schickte sich zum Gehen an.

Schmollend stapfte sie hinter uns her.

„Und außerdem tun mir die Füße weh. Und Hunger hab ich auch. Wann gibt es was zu essen?"

„Hättest du andere Schuhe angezogen! Du wolltest ja nicht hören. Aber etwas essen könnten wir schon." Er wandte sich an uns: „Was meinen Sie?"

In der Nähe des Guggenheim-Museums fanden wir ein nettes Ristorante und setzten uns gemeinsam an einen Tisch. Während wir auf den Kellner warteten, füllte sich der Gastraum mit sehr gut angezogenen Menschen. So viele Pelzmäntel an einer Garderobe hatte ich noch nie in meinem Leben gesehen. Italiener haben halt Stil und wissen sich zu kleiden. Dezenter Schmuck und Armbanduhren funkelten im angenehmen Licht. Es war bereits gegen zwanzig Uhr. Wir waren zwar korrekt und sauber gekleidet, aber konnten uns mit den anderen Gästen nicht messen. Der Ober brachte Otto *Insalata di Mare,* mir *Carpaccio* und einen Weißwein. Das wollten wir uns am letzten Tag des Jahres gönnen. Auch unsere Tischnachbarn bestellten etwas Feines. Nur, als die junge Dame zu *involtini* vom Kalb Ketchup verlangte, blieb mir die Spucke weg, und nicht nur mir.

Während des Essens eskalierte der Streit unserer Begleiter. Die Worte, die von ihr über den Tisch flogen, will ich nicht wiederholen. Ihm war es sichtlich peinlich, er entschuldigte sich mit den Worten:

„Tut mir leid, dass wir Ihnen den Abend verdorben haben. Ich aber weiß, dass ich das neue Jahr alleine begrüßen werde. Ihnen vielen Dank und ein gesegnetes Neues Jahr!"

Er legte großzügig Trinkgeld zur Rechnung. Die beiden verließen das Restaurant und schlugen draußen getrennte Wege ein.

Mein Mann schaute mich nur an und sagte nichts.

Wir machten uns auf den Weg zum Markusplatz. Aus den schäbigsten Toren und Hauseingängen kamen die elegantesten Damen und Herren heraus und hatten das gleiche Ziel wie wir.

„Nach diesem Auftritt lade ich dich in *Harry´s Bar* ein. Du wolltest doch schon immer den *Bellini* probieren", überraschte mich mein Mann.

Dagegen konnte ich natürlich nichts einwenden. Wir fanden die Bar westlich von *San Marco* in der *Calle Vallaresso 1323* mit Blick auf den *Canal Grande*. Sie wurde von *Giuseppe Arrigo Cipriano* am 31. Mai 1931 eröffnet, verriet uns der Reiseführer, den wir studiert hatten. Der Name soll von seinem Freund und Geldgeber *Harry Pickering* stammen.

Der *Bellini* schmeckte köstlich. Damals hatte ich das Getränk in Augsburg nirgends gesehen, nicht einmal in einer guten Weinhandlung. Deshalb war es etwas ganz Besonderes für mich und ist es heute noch.

Wir verließen *Harry´s Bar* Richtung Markusplatz. Immer mehr Menschen drängten sich in der Zwischenzeit durch die Gassen. Kurz vor unserem Ziel untersuchten Carabinieri und andere Uniformierte die Menschen auf Waffen und Feuerwerkskörper. Ich fühlte mich zunehmend unwohl in diesem Gedränge und zog meinen Mann in eine Seitengasse.

„Da sind mir zu viele Leute und zu nah. Können wir nicht wo anders das neue Jahr begrüßen?", fragte ich Otto. Das hatte ein Italiener gehört, der auf einem Balkon genau über uns eine Zigarette rauchte. Er gab uns den Tipp, von *Dorsoduro* auf der gegenüberliegenden Seite des Markusplatzes den Jahreswechsel zu erleben.

Wir bedankten uns und wünschten ein gutes Neues Jahr. Ein weiteres Mal überquerten wir den *Canal Grande* und gelangten schließlich zur *Basilica di Santa Maria della Salute*. Diesen Insider-Tipp kannten wohl die Venezianer. Nur italienisch wurde um uns herum gesprochen. Der Blick war gigantisch auf den Uhrenturm *San Marco* und die vielen Boote auf dem *Canal*.

Das alte Jahr ging zu Ende und machte Platz für das neue. Eine ganz besondere Stimmung breitete sich über der Stadt aus. Als Punkt zwölf Uhr alle Glocken der Stadt zu läuten anfingen, wünschten wir uns ein gutes neues Jahr mit einem innigen Kuss. Ich hatte feuchte Augen, so schön waren diese Minuten. Dann reichte uns eine unbekannte Italienerin, die neben uns stand, zwei Gläser, füllte sie mit Champagner und prostete uns zu. Wir waren ganz verdutzt und bedankten uns. Vor lauter Rührung liefen mir Tränen über die Wangen.

Das passiert dir nur in Italien!

Der Schiffskorso auf dem Wasser mit beleuchteten, geschmückten Booten tat ein Übriges zu der besonderen Stimmung. Unvergesslich.

Erst gegen ein Uhr leerte sich die Stadt. Inzwischen hatte es zu regnen begonnen. Wir eilten zum Bahnhof. Zu spät! Der letzte Omnibus war bereits abgefahren. Natürlich war bei diesem Wetter kein Taxi zu bekommen. Also, Fußmarsch zurück zum Campingplatz.

Der Weg zog sich hin, der Regen hatte zugenommen und die Kleidung war in kürzester Zeit durchnässt. Allein hätte ich mich niemals getraut, auf der Straße zu laufen. Mehrere Autos fuhren an uns langsam vorbei, die Insassen schauten aus dem Fenster, dachten sich ihren Teil und beschleunigten wieder. Die Straßen durch die Industriegebiete waren unheimlich, manche Gestalten, die sich dort herumtrieben, ebenfalls. Ich zitterte nicht nur vor Kälte.

Gegen halb vier in der Früh des ersten Januar erreichten wir *Fusina* und den Campingplatz. Wider Erwarten war die Rezeption noch besetzt. Der alte Herr spähte aus dem Fenster und fragte, wo wir denn jetzt noch herkämen. Wir erzählten ihm kurz, wie es uns ergangen war. Er stand auf, ging in den hinteren Raum, kam mit einer Flasche Rotwein zurück, drückte sie Otto in die Hand und wünschte uns ein gutes Neues Jahr.

Wieder wurden wir von der Gastfreundschaft der Italiener übermannt.

Dieser Jahreswechsel ist uns unvergesslich.

Danke

... an Helga, an Dani und Henrike, die meine Geschichten gelesen und korrigiert haben.

(Der Fehlerteufel lauert hinter jedem Wort. Ich habe ihn nicht immer entdeckt und bitte um Vergebung. Sie, liebe Leser, finden bestimmt noch Tippfehler.)

... an Jörg, der meinen selbstgemachten Filzvogel fotografiert und das Cover gestaltet hat.

.. an Petra und Irene, die mich ermutigt hatten, meine Geschichten aufzuschreiben.

... an die Mitglieder des Autorenclub Donau-Ries, die mit Tipps, Erfahrung und technischer Hilfe zum Entstehen dieses Buches beigetragen haben.

... an Wikipedia, wo ich einiges nachlesen konnte.

... an die Leser, die mein Buch gekauft haben und weiterempfehlen.

... danke.

Anmerkung: die Nennung von Firmen und Herstellern dient nicht der Werbung, sondern der Beschreibung von Personen und Situationen. Ich werde nicht dafür bezahlt!